成长 KOBE BRYANT

科比，
永不退场

段冉◎著

典藏版

U0721194

北京时代华文书局

KOBE BRYANT

科比·布莱恩特

永不退场！

NBA
EVER

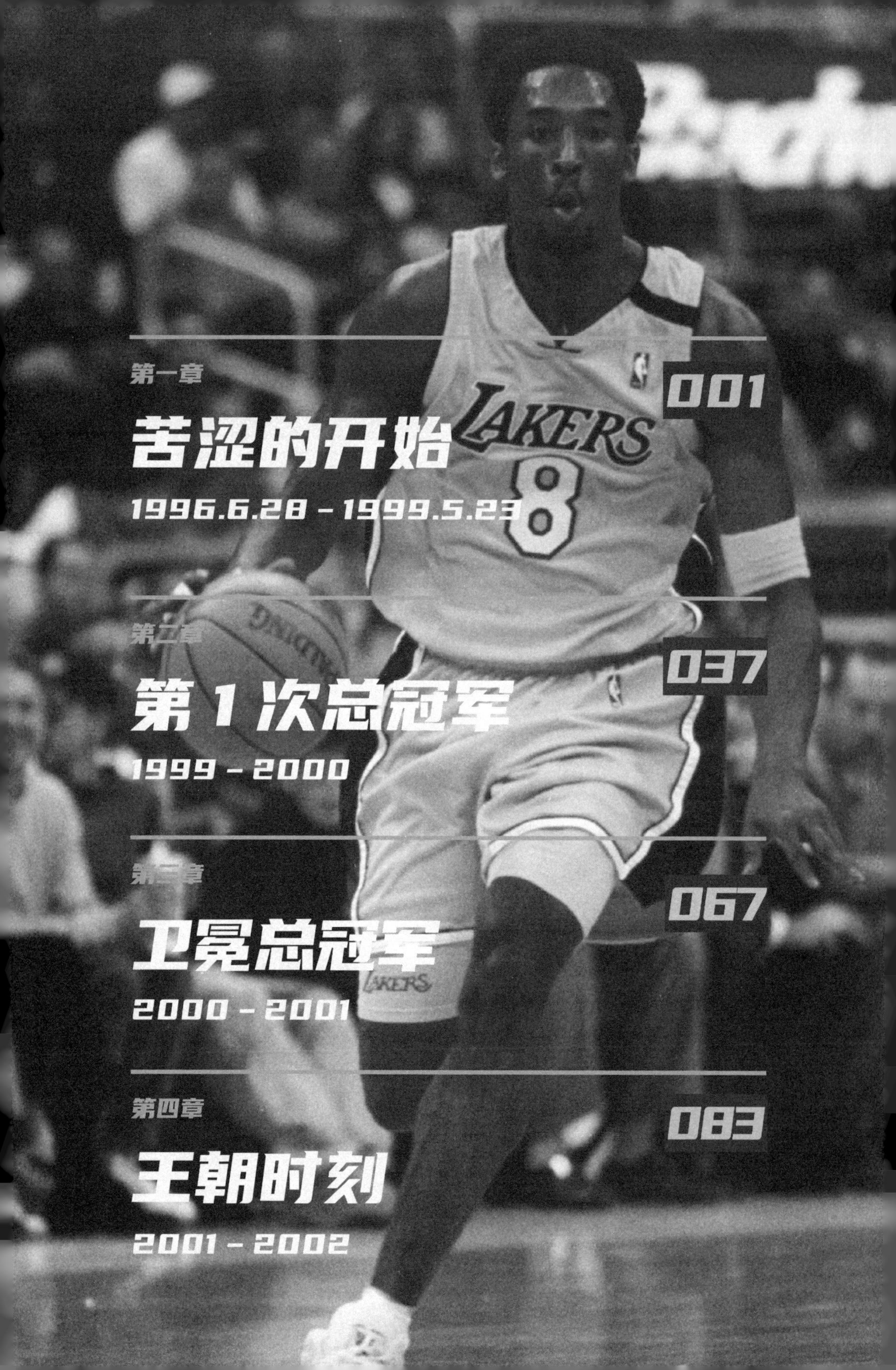
LAKERS
8

————CONTENTS 目录

第一章

苦涩的
开始

1996.6.28—1999.5.23

客观地评价科比的职业生涯，在菲尔·杰克逊到来之前的三个赛季，一方面，确实有主教练不信任的因素；另一方面，主要责任还是在于他的不成熟：以对团队的极其强大的破坏力而换取了个人能力的快速成长，这样的结果是迅速成为偶像，但难以拿到总冠军，纵使站在自己身边的是"大鲨鱼"。

NBA 第 1 分

　　之于洛杉矶湖人队，之于科比·布莱恩特，1996 年夏天的这场战役算是尘埃落定，无论如何，"紫金军团"是人人都想去的地方，尽管选秀位低了一些。在媒体见面会上，科比手里拿着那件金黄色的 8 号球衣，洛杉矶媒体的闪光灯照耀不停，满面笑容的他露出了洁白的牙齿。这一刻，科比是真的高兴。

　　"从小在意大利长大的我就是个超级湖人队球迷，我疯狂地迷着湖人队，我知道关于湖人队的一切，我对'魔术师'痴迷，我曾经每天都练习'天勾'，就为了效仿阿卜杜尔－贾巴尔。后来我练习小勾手，效仿'魔术师'；我还练习抛投，为了效仿詹姆斯·沃西；学习拜伦·斯科特跳投、转换进攻，拼个 40 分、50 分、60 分、80 分的，我做过这样的白日梦，每次当我做着这样的白日梦时，我都身穿着湖人队球衣。"

　　梦想成真的感觉，令科比在更衣室中禁不住对着镜头而豪情万丈："黄金圣衣，宝贝。"

　　但可能"黑曼巴"还不知道的是，接下来的菜鸟赛季他要经历很多坎坷。

　　经过杰里·韦斯特这么一捯饬，湖人队是有了风头正劲的沙奎尔·奥尼尔，也有了未来之星科比·布莱恩特，但再看看其他位置，已经是面目全非。不过，这难不倒"湖人队教父"，毕竟，那时候大城市球队的吸引力非小城市球队所能比。赛季开始后，除了尚未放出江湖名号的"OK 组合"，球队已经有了组织后卫尼克·范埃克塞尔、得分后卫埃迪·琼斯、大前锋埃尔登·坎贝尔等可用之才，几乎全都是全明星球员的实力。

　　为了帮助科比顺利适应 NBA 的节奏，他们还召回了多年老臣拜伦·斯科特，没错，就是在科比生涯的末年经常遭到痛骂的那个主教练——拜伦·斯科特。而利用 24 顺位的选秀权，科比还得到了他在

NBA 的四大密友之一——德里克·费舍尔。

当然，湖人队想要建立一支王朝球队并没有那么容易，首先，尽管"大鲨鱼"独步天下，篮下无敌，但他有一个致命的弱点：罚球。每到比赛的关键时刻，沙奎尔·奥尼尔的罚球时常会成为球队的软肋，若是碰上像唐·尼尔森这样的主教练，这比赛从此就没法看了。此外，"大鲨鱼"在奥兰多两次在季后赛被横扫，被外界认为只会打顺风球。

而且，湖人队刚刚经历了大换血，从队员到主教练都需要从头慢慢适应"大鲨鱼"。1996-1997 赛季刚开始的时候，湖人队的战术就是将球交给内线的奥尼尔，然后就是 1 个人打、4 个人看。而对于科比，湖人队主教练、后来曾出任中国男篮主帅的德尔·哈里斯明显缺乏信任，虽然管理层曾经多次暗示，但"银狐"可不管这些，依旧是到了垃圾时间才让科比上场。要知道，作为高中生翘楚的科比心气很高，教练如此安排，他怎么可能受得了？

但不管怎么说，踏上 NBA 的赛场就是巨星之路的第一步。1996 年 11 月 3 日，科比只有 18 岁 72 天，在对阵明尼苏达森林狼队的比赛中上场亮相。那场比赛，科比替补出战 5 分钟，盖帽、抢断、出手次数、失误都是 1，其他数据都是 0，即便如此，当时的科比依然成为 NBA 历史上最年轻的出场球员。

1996 年 11 月 5 日，科比首次在世界篮球圣地的麦迪逊广场花园登场。一次突破冲击内线后科比站上了罚球线，深呼吸，然后，一道美妙的弧线入网。

这也是科比职业生涯的第 1 分

有了第 1 分保底，科比信心倍增。转眼便是 1997 年 1 月 28 日客场对阵达拉斯独行侠队的比赛，奥尼尔抢下后场篮板给科比下快攻，然后……结果科比有些卖弄的一个背后传球，被独行侠队的核心迈克尔·芬利抢断，反击制造湖人队犯规，这时候，湖人队的电视解说员一副世界末日即将来临的落寞感。"我曾经连续 7 场都坐在板凳席上，一直到比赛最后还有 20 秒的时候才上场，而当时联盟的其他一些球星正在大放异彩。"科比回忆自己新秀赛季的惨状时如是说。6 分钟、3 分钟、7 分钟、17 分钟、8 分钟、5 分钟、6 分钟、7 分钟、14 分钟、8 分钟，直到第 11 场才达到"20+"，第 35 场才首发，然后又迅速被推到替补席。

的确，和 1996 年的其他新秀相比，这时候的科比的确是有些落后：阿伦·艾弗森在挑战迈克尔·乔丹的权威，雷·阿伦也经常有着出色发挥，甚至第 29 顺位被芝加哥公牛队挑中又迅即裁人的切维斯·耐特，一个白人中锋，被湖人队以自由球员的身份"捡"到手，阴错阳差成为科比的队友，也因为奥尼尔的因伤缺战而曾连续 12 场比赛打首发。**"我知道我有能力和这些球员去较劲。"**科比回想起那段时光曾说道，**"我知道自己有能力和他们去竞争，但我只是没有机会去表现。"**那些日子，科比在板凳席上坐着，你经常能看到他咬牙切齿的面庞。

走在加州大学洛杉矶分校的校园，科比甚至质疑："我的选择是不是错了？"

长期坐在板凳席上，让科比恨透了德尔·哈里斯。"当我还是一名新秀的时候，我恨德尔·哈里斯。"科比曾经实话实说，**"我总是说如果我有能力复仇，我将会努力争取。"**

科比是一个说到做到的人，所以，后来的职业生涯面对达拉斯独行侠队他总是像打了鸡血一般：**2002 年 12 月 6 日，完成了一度落后 30 分、末节依然落后 27 分的惊天大逆转；2005 年 12 月 21 日，只用了三节比赛就拿下 62 分，而独行侠队全队才拿下 61 分。**当时很多人都在感慨科比这是和独行侠队有什么仇什么怨。但事实上，只是新秀时期"银狐"就在这里给科比的心中埋下了怨根。"那时候，他曾激励我在场上保持高效，并争取得到一些出场时间，我必须得去争取我想要得到的一切，但如果我说德尔不是我三节砍下 62 分的动力，那我就是在说谎。"科比坦率承认了自己"公报私仇"。

菜鸟生活

　　和科比个人的窘境不同，作为一个团队，尽管赛季初期曾输给一些弱旅，但随着比赛的进行，湖人队的阵容开始磨合得越来越好，尤其是范埃克塞尔，他曾向沙奎尔·奥尼尔承诺："你去做得分王，我来做助攻王。"1997年1月对阵温哥华灰熊队的一场比赛中，他送出23次助攻。他的出色表现引起独行侠队的注意，他们本打算用贾森·基德交换范埃克塞尔，而范埃克塞尔和"银狐"之间也有着一些矛盾，但出人意料的是，哈里斯说了"不"，他认为贾森·基德的投篮实在是太糟糕了。不过，事后想想，也许科比就这样错过了一个好队友，或者一个在NBA历史上最为强悍的王朝就此夭折了。

　　没有机会上场的时候，科比·布莱恩特的内心是挣扎的，他一直想要证明自己的能力："*我想证明我比他们想象的更厉害。你知道吗，我在精神上做着准备，想象着那一刻的到来，想象着自己带领洛杉矶湖人队取得胜利。*"

　　不过，有句话说得好，"机会总是留给有准备的人"，随着时间的推移，哈里斯也开始给予"黑曼巴"更多的机会。1997年1月3日，职业生涯的第25场比赛，对阵萨克拉门托国王队的比赛中他破天荒地得到**22分钟的上场时间**，结果那场比赛他如同出栏的猛兽，**砍下21分**，并且在一次反击中**完成空中360°转身暴扣**。整座球馆掌声雷动，但在场下，球队老大沙奎尔·奥尼尔一脸不屑，并在赛后给了科比一个"表现狂"的称号。

　　都知道科比性格孤僻，重返美国后他基本没有什么朋友了，当时的球队老大奥尼尔如此对待他，怎么能不受伤！多年后，科比也承认，进入联盟的第1年他在队中没有一个朋友。当然，这也不能完全怪湖人队球员，因为"黑曼巴"自己在封闭自己。

"与队友的关系根本不重要，重要的是在场上打出什么样的表现。"

当时的科比曾经这样说道。事后想想，科比也够浑的，所以如今在评选最差队友的时候，科比经常会入榜。但作为湖人队的老大，奥尼尔可不买这样一位"小角色"的账："我才不要去当什么保姆。"

当然，相对而言，科比还是比较识趣的，那时候他只是个菜鸟，没有资本去和球队中的那些老队员对抗，所以当老队员要他跑上看台捡球的时候，科比欣然前往。当球队在凌晨两点到达某个客场的时候，有球员对他说"去星巴克给我买杯咖啡"或者是"去连锁店给我买些甜甜圈"的时候，科比也去了。

有报道称，当时的主力得分后卫埃迪·琼斯赛前经常让科比去给他拿一些佳得乐饮料，即便是詹姆斯·沃西、威尔特·张伯伦、卡里姆·阿卜杜尔－贾巴尔等已经退役的传奇名宿，也时不时地来整一下科比，科比从来都不抗拒。他知道这个联盟的"规矩"，知道这些都只是玩笑。NBA就是这样，即便是在当年休斯敦的时候"弗老大"对姚明那么好，但是当史蒂夫·弗朗西斯玩得高兴的时候，也会让姚明去提提鞋。

而科比给埃迪·琼斯的饮料也没白拿，因为1999年3月10日，琼斯被交易去了当初选择科比的夏特洛黄蜂队，湖人队的2号位彻底让给科比。送来的格伦·莱斯，正好是洛杉矶冠军拼图的一个重要板块。

锋芒初露

科比一直想要证明自己不比别人差，尤其是在 1996 年的那帮新秀中。这不，机会来了——1997 年的克利夫兰全明星周末，是的，克利夫兰。

克利夫兰位于伊利湖南岸、凯霍加河的河口，是俄亥俄州首府。历史上由于运河和铁路交会，克利夫兰成了制造业中心，但后来大型工业衰退后，它成为金融、保险和医疗中心。尽管如此，这座城市还是连续多年被评为全美最穷的城市。

这不是没有原因的：这座城市非洲裔美国人比例大，没有自己的特产，也不受大企业青睐，所以失业率与犯罪率一直居高不下。

我第 1 次去是开车，从印第安纳向东，一直开就驶入俄亥俄州，然后再往北开 160 多千米就到了克利夫兰，全程 500 多千米。

由于纬度比印第安纳州还要高，克利夫兰的冬季可谓天寒地冻。但租车公司的接待生有点得意地告诉我："我们这里可是全美最北的几个城市之一，气温可以和底特律媲美。"

不但气温如此，克利夫兰的城市构造也与底特律相仿——市中心是著名的"非洲裔美国人聚集区"，据说，房租再便宜也招不来人住。

有一次，我走进一家便利商店买三明治，发现里面几乎全是非洲裔美国人。买东西的、收钱的、上货的，本以为这算是一个非洲裔美国人超市，但出租司机说克利夫兰就是这样："这里应该算是非洲裔美国人的城市。"到旅馆后，这里的服务员也再次确认："非洲裔美国人的比例应该比白人多。不过，只要你晚上不去市中心就应该没问题。"我告诉他我今晚必须去市中心，因为比赛都是晚上。小伙子听完一耸肩："那……那就只能祝你好运了。"

这座城市，一个字：冷。穿两件羽绒服还是不觉暖和。只要赶上下雪，克利夫兰的上午随处可见带着一层"冰壳"的汽车，当地人告诉我必须要买一种冰铲，否则无法刮掉前车窗上的冰。1997 年的全明星周末就在这儿举办——NBA 的商业规则与中国国内不同，每年的选秀大会是最好的案例，会经常照顾小城市球队或弱势群体以拓展球迷市场。**其结果，这座美国最贫穷的城市之一，日后不仅拥有勒布朗·詹姆斯，而且留下科比·布莱恩特最精彩的全明星周末之一。**

先举行的新秀赛，科比凭借着各种眼花缭乱的招式大抢风头，一个人拿下了 31 分。可惜的是，科比所在的球队输球了，按不成文的规定，新秀赛 MVP 只属于获胜方球员：阿伦·艾弗森。

不过科比的秀场还没有结束，1 小时后，扣篮赛举行，预赛中，还有一丝疲惫的科比·布莱恩特仅仅获评 37 分，以第三名的战绩侥幸进入复赛，随后，科比开始放大招，一记胯下换手扣篮征服全场，拿下**扣篮冠军**。客观地说，科比的扣篮虽然和 2016 年多伦多全明星扣篮赛上的扎克·拉文、阿隆·戈登相比是差了那么一点点，但对于科比来说，**NBA 生涯的第 1 个冠军也是意义非凡。**

当然，全明星周末只是一个星秀场，科比还是需要在常规赛继续证明自己。而此时的湖人队也已经证明他们在休赛期的豪赌是正确的：1996-1997 赛季，虽然"大鲨鱼"因为膝伤缺席 31 场，但湖人队还是以 56 胜 26 负的战绩拿到西部第四，是他们近 7 个赛季以来的最好战绩。至于奥尼尔个人，场均可以拿下 26.2 分、12.5 个篮板、2.9 个盖帽，进入了最佳阵容三队，当然，若非伤病，他本该排名更高。

科比虽然场均只能拿下 7.6 分，但他的场均出场时间只有 15.5 分钟，在湖人队中是倒数，但能够表现得如此高效已经十分可贵了，因此，他也入选最佳新秀阵容第二队。

考虑到这是"OK 组合"合作的第 1 年，能有这样的成绩，已经是十分可贵了。

湖人队顺利进入了季后赛，首轮比赛，他们遇到了波特兰开拓者队。赛季后半段，奥尼尔不断受到膝盖伤势的困扰，但这时候的他已经完全恢复。

　　不出意料，首轮比赛，奥尼尔大杀四方，46 分 11 个篮板 2 次助攻、30 分 6 个篮板 5 次助攻、29 分 12 个篮板 4 次助攻、27 分 8 个篮板 2 次助攻，一系列的现象级表现，这时候，相信魔术队的拥趸们都在骂他们的"脑残"总经理。虽然科比还不是赛场的主角，并且在这轮系列赛的前两场只获得 6 分钟上场时间，但第 3 场，哈里斯出人意料地让科比打了 22 分钟，不过这场比赛湖人队却输了，这是湖人队这轮系列赛的唯一输球。于是接下来的比赛中，科比又只得到 6 分钟的上场时间。

　　就如同在科比最后的合同期，湖人队的年轻队员们不明白拜伦·斯科特一样，那时候的科比也搞不懂"银狐"。德尔·哈里斯对科比的使用似乎完全是看心情，他可以让科比一场打 30 多分钟，但当科比状态正佳的时候他又将他按在板凳席上。"感觉有一只手被绑在了身后一样。"科比曾向自己的父母抱怨。

　　别人都在责怪哈里斯不用科比，事实上，哈里斯是攒着、等待着。放大招的时候到了。但这次，科比的记忆是刻骨铭心的。

失败与噩梦

"这半年多你们一直都在责怪我没有用科比，但现在我用了，你们又因为我用了他而骂我？"西部半决赛结束后，面对媒体的咄咄逼人，"银狐"已经有些恼羞成怒了。

今天回过头来看，他的恼羞成怒也是有理由的，因为洛杉矶和纽约一样被称为"媒体之都"，记者们太难对付了，一个夜晚，球员们和教练们有时需要面对两场恶战。第2场恶战的战场就是新闻发布会。

西部半决赛，洛杉矶湖人队碰上了以卡尔·马龙、约翰·斯托克顿、杰夫·霍纳塞克为核心的犹他爵士队，当时的冠军争夺者，迈克尔·乔丹及其芝加哥公牛队的最大敌人。不出意料，哈里斯第1场只让科比打了14分钟，湖人队一败涂地；第2场，科比坐穿板凳，全场只得到了4分钟的上场时间，而湖人队以2分劣势告负；第3场，湖人队明白自己的时间不多了，科比也不想这样结束，在这场比赛的第4节他大放异彩，拿下全场19分中的17分，征服了整个洛杉矶，湖人队也以20分的分差完成复仇。而这三场被老辣的爵士队防死的"大鲨鱼"分别是17分12个篮板、25分12个篮板、11分12个篮板，相比首轮以及他在奥兰多的辉煌，只能说平庸。

于是，德尔·哈里斯突然改变了主意，或许是他手中的牌已经不多，或许是他从这个年轻人的身上看到了希望。第4场，他给了科比28分钟的上场时间，但科比没能创造奇迹，9投3中，只拿下9分，还出现了5次失误，而对方的"邮差"大发神威，拿下42分，将总比分变为了3：1，湖人队命悬一线。奥尼尔的34分11篮板算是打水漂了。

第5战如期在爵士队主场开打。时间：1997年5月12日；地点：当时叫三角中心球馆，现在叫能源方案球馆。19911名球迷见证了科比·布莱恩特职业生涯不堪回首——也许还是最不堪回首的一幕。 对于湖人队来说，这是一场真正意义的生死战，日后的"关键先生"罗伯特·霍里在第 3 节就被驱逐出场,"大鲨鱼"在第 4 节中段便因为 6 次犯规而"毕业"。科比·布莱恩特,终于要迎来属于他的时刻了,为这时刻,有个专业名词叫接管比赛,为这时刻,为接管比赛他准备了太多,等待了太久。

"每轮系列赛前都会有一本小册子,里面有关于对方战术和球员的信息,我是很认真地研究了,我不知道大多数球员都将册子扔在房间里,但我真的下功夫去研究了。我知道对方的战术,我记下对方的命中率,我尽力做好准备,因为我不想搞砸。"今天的科比渐渐释怀,能够笑着回忆往事。

科比不想搞砸,但他最后还是搞砸了。距离常规赛时间结束还有 11.3 秒,两队战平,难分高下。湖人队请求了最后一次暂停,"银狐"思虑再三将目光锁定在科比身上。"这一球你来投。"哈里斯指了指科比,说道。听到这话,尼克·范埃克塞尔当时就气疯了,一拳打在战术板上,当众和主教练吵了起来,但是,德尔·哈里斯仍然没有改变自己的主意。

就这样,科比成为英雄、证明自己的时刻到了,但见他从后场运球到前场,面对不久后被迈克尔·乔丹尽情戏耍的拜伦·拉塞尔的防守,5 秒、4 秒、3 秒,队友已经全部拉开,时间所剩无几,科比变向往右路突破,在罚球线右侧的位置停了下来,然后,摆脱,跳投,这个动作他再熟悉不过,因为迈克尔·乔丹经常会这么做,但这次,科比的跳投却以三不沾而告终,比赛进入加时。

事后,有人责怪德尔·哈里斯只是布置让科比进攻,没有布置相应的进攻战术。但事实上,湖人队的其他球员当时得到的指示是,尽可能地给科比拉开空间——在那个时代,当比赛打到那样的阶段,四名队友拉开,让超级巨星解决问题就是再平常不过的战术。今天看,问题只是:一个菜鸟赛季的科比还不是巨星。

没有人责怪科比,即便是苛刻的洛杉矶媒体也认为,常规赛时间的最后一球,科比敢于去进攻,敢于担当,这对于他来说已经足够。但这些媒体没有想到的是，真正的噩梦才刚刚开始。

加时赛。

只剩不到1分钟了，爵士队主场已经是全场沸腾，科比在左侧45°得到三分球出手的机会，面前空无一人，科比三分球出手，这一球，可以扳平比分——但球鬼使神差地连篮网都没有沾到，俗称三不沾。"大鲨鱼"无奈地在场边走来走去，范埃克塞尔叉着腰，一脸的生无可恋。但德尔·哈里斯并没有决定将科比换下，一方面换下科比肯定会打击到他的信心，再者说当时科比就是他手中的最后一张牌，另一方面，换下科比就意味着自我否定，就意味着打脸。

就这样，科比继续留在场上，利用埃迪·琼斯的掩护，科比接到了球，面对斯托克顿的紧逼，科比运了一次球，然后，干拔，跳投，出手，这一球，依然可以扳平比分——一道丑陋的弧线，又一次的三不沾。所有的盐湖城球迷沸腾了，而队友的那种不可思议的眼神，足以杀死科比。

比赛结束。

"OK组合"的首次季后赛之旅也宣告结束。这时候，沙奎尔·奥尼尔反而很有大哥风范，一把搂住了科比·布莱恩特的脖子，然后在他耳边说道：

"别担心，有朝一日，所有人都会尖叫着喊出你的名字。你现在需要做的就是记住这些嘲笑你的人，接受这场失败，吸取这些教训。"

奥尼尔真的会这么说？恐怕谁也不信。

多年后，沙奎尔·奥尼尔评价说："科比是唯一敢在那样的时刻那样投篮的家伙。"

更多年后，沙奎尔·奥尼尔在自己的自传中写出了自己当时的真实感受："我都恶心得要吐了。"

关键时刻投出 3 记三不沾，"黑曼巴"受到的指责可想而知，但和主帅德尔·哈里斯相比，他的境遇好多了。比赛结束后，媒体蜂拥而至，对于他最后的战术安排，没有人能够理解。科比的高中教练更是指责"银狐"，说他是想让科比来为这个系列赛的失利背锅。

听到这话，哈里斯顿时火冒三丈。"半年多来，你们一直骂我不使用科比·布莱恩特，现在你们却又因为我用了他而骂我？再说一遍，当时他是场上最好的单打球员，只有他有能力去创造机会投篮，不管是过去、现在还是将来，再碰到这种机会，我还是会选择让他去投这一球。"

输球了，还碰到那样的尴尬，科比的心里并不平静：他想要在世人面前证明自己，但换来的是职业生涯最暗黑、最漫长的噩梦。

"无论发生什么都得继续前进，也许失败 10 次，第 11 次就会成功，若非第 11 次，那就是第 12 次，但是迟早会进的。"上帝说这是命运，我说不信邪，或许这就是科比能走向成功的真谛。

科比·布莱恩特没有被各种嘲讽打倒，他暗暗下定决心，一场有生以来最为残酷的魔鬼特训正等待着这个年轻人。

复仇与笑容

"那晚我们回到洛杉矶，我回到家中大概已经是凌晨 3 点的样子，我去附近的高中，就在我家附近，清洁工开门让我进了体育场，我投了一天的球，我是说，一整天。季后赛结束后我没有离开球场，我不停地投，不停地投，不停地去练球，这让我有机会发泄怨气。我很生气，生气让我的队友以及百万球迷失望。我不断重复地想象那个时刻。对我来说，那是一个很关键的夏天，因为那几个三不沾让所有人都看轻了我，当我看到犹他爵士队出现在赛程表上的时候，我很兴奋。"

1996–1997 赛季西部决赛的 3 记三不沾让科比·布莱恩特刻骨铭心。接下来的夏天，形同炼狱，"黑曼巴"没日没夜地泡在体育馆中，锤炼自己的每一个进攻技巧，一次又一次地尝试高难度投篮，直到他自己都感到有些天旋地转了。

没有训练的时候，他就待在自己的卧室里，一遍又一遍地看着那次苦涩的失利，看着自己一次、再次、三次地投出三不沾的尴尬画面，不停地责问自己。

在这里，我需要重点聊聊尼克·范埃克塞尔。

如果说 1996 年的选秀大会是对科比·布莱恩特的不公平对待，那么，在 1993 年的选秀大会上直到第 37 顺位才被洛杉矶湖人队拿下的尼克·范埃克塞尔简直要跳楼自尽了。如果说科比是疯子，是疯狂的投篮机器，那么，尼克·范埃克塞尔被称为"疯子"就是浪得虚名。

在这里，暂不论他日后入选全明星阵容，只说他在湖人队的美好日子。在 20 世纪 90 年代，他作为组织后卫喜欢投篮，并且命中率低，而在 1996–1997 赛季，尤其是更为重要的季后赛，一颗大心脏造就湖人队外线的主要进攻点，与其说这支球拥有奥尼尔、范埃克塞尔、琼斯、坎贝尔的豪华阵容，不如说这支球队的内线支柱是"大鲨鱼"，外线控制者是"疯子"，"黑曼巴"还是蹒跚学步。而撇开球场上的表演，"疯子"的另一个特质是不藏心眼、够哥们儿。因此，最能理解科比的也是他。

他送给科比一盘迈克尔·乔丹的录像带："好好看看这个，你会用到它的。"这就如同一个隐世高僧送给令狐冲一本武功秘籍，事实上，对于科比来说，这就是一本武功秘籍。科比恭恭敬敬地接过录像带，他知道，"神"也是在训练馆中的无数个日日夜夜磨炼出来的。

1997 年的夏天，谁也不知道科比看了多少遍录像带，或许他睡觉都在模仿迈克尔·乔丹，变向突破、后仰跳投、低位单打，当 1997－1998 赛季开始后，科比·布莱恩特就活脱脱如同和迈克尔·乔丹从相同的模子中铸出来的。 1997 年 12 月 17 日，科比还对上了迈克尔·乔丹，比赛中，他用迈克尔·乔丹的方式去挑战迈克尔·乔丹，尽管输球，但砍下了 33 分。

这样的表现就连"飞人"自己都感觉有些不可思议。"他将我所有的招式都偷走了。"后来，迈克尔·乔丹评价道。

和乔丹的对抗固然值得期待，但科比最想要的还是复仇。这样的等待让时间走得更快。NBA 的赛程安排总会有意无意地安排极具新闻价值的噱头：就在揭幕战，就在斯台普斯中心，犹他爵士队对阵洛杉矶湖人队。

和 1996-1997 赛季的最末战连续投进三不沾的科比·布莱恩特不同，如今的他已经完全是不一样的一个人，他的脑海中满是"复仇"二字；他的双手，则是左右开弓，将夏天的那些"武功绝学"兑现在了球场上。

"关键时刻我力挽狂澜，那是一个大翻盘，我当时能够感觉到，证明了自己，那对我来说是一件大事情。那些老将可能觉得不怎么样，那只不过是一场常规赛，但对我来说，那却是一件大事情。"

那场比赛，科比替补出场 33 分钟，尽管 13 投只有 5 中，但在罚球线上他 14 罚 13 中，一共拿下 23 分 5 次助攻。湖人队大胜。科比等待了一个夏天，在那一刻露出笑容。

　　科比的进步也让洛杉矶的媒体兴奋不已："这一年你突飞猛进，是因为你夏天的苦练吗？"湖人队的传奇解说员奇克·赫恩这样问道。

　　"是的，我还在努力学习，我试着分析上个赛季做得不好的地方，并将其融入我的比赛。这并不容易，因为我必须改掉那些坏习惯，那是最难调整的。当你打的比赛多了，自然就会更好，因为它能转化为球场上的经验。"虽然脸上长着一颗很明显的青春痘，但是，这时候你再看湖人队的 8 号球员，他的脸上洋溢的都是自信。

MAMBA FOREVER

与"神"之战

科比说自己改掉了那些坏习惯，但"银狐"可不这么看。在德尔·哈里斯眼里，科比仍然是那个不爱防守、无视队友、嗜爱单打的自大狂，在球队的地位也要排在沙奎尔·奥尼尔、埃迪·琼斯、罗伯特·霍里的后面。

更让这个年轻人有些不解的是，那年夏天，杰里·韦斯特还给湖人队带来了另一位战将里克·福克斯，这位波士顿凯尔特人队的队长拒绝克利夫兰骑士队开出的 2000 万美元的巨额合同，转而以底薪投奔湖人队。不过，如果你认为这位人称"狐狸"的巴哈马裔加拿大人是为了总冠军而来湖人队，投奔"大鲨鱼"，那你就大错特错了，这位长相英俊的型男的梦想是成为一名电影明星，所以他才来到洛杉矶打球。

非常有趣的事情是，退役后，里克·福克斯果然实现了自己的梦想，只不过是为了生计，而且他拍的是成人电影。当然，他也有一些正常点儿的影片，比如说著名美剧《生活大爆炸》第 4 季，他曾扮演过伯纳黛特的前男友。

科比肯定不喜欢福克斯，不是因为好莱坞，而是因为他的存在挤占了自己的出场时间。一方面时间得不到保证；另一方面也怪自己，战胜犹他爵士队后的*科比开启打铁模式，之后的两场他总共是 19 投 3 中*。不过，"黑曼巴"很快调整好了自己的状态，之后的 8 场比赛全部都得分上双。在此期间，湖人队曾重返盐湖城，结果，*科比封盖拉塞尔的关键投篮*，接着，一条龙杀向对方的禁区完成暴扣，带领球队再胜爵士队。此时，整座"天使城"都被他的表现震惊了，人们津津乐道地谈论科比·布莱恩特和迈克尔·乔丹的相似。

科比，终于等到了迈克尔·乔丹。

　　关于此事刚刚有过简述，现在要详述了，详述之前我还是介绍一下芝加哥、联合中心以及迈克尔·乔丹在这座城市的影响力。唯其如此，大家才能彻底理解科比·布莱恩特年少的轻狂、孤傲、桀骜不驯。

　　就我的采访生涯而言，离迈克尔·乔丹在球场上战斗的年代太久远了。等我来到芝加哥，来到建立于 1994 年的联合中心，才发现这里的设施保护得非常好，丝毫看不出已经使用快 20 年。这座多功能体育馆一共花费 1.75 亿美元，使用超过 3500 吨的钢材，这个数字相当于铸造 28 座自由女神像所需钢材的总量。其他数据不多言，比如使用多少水泥、体育馆有多高多重等，就说一点：联合中心里里外外共有 1850 个门以及 50 个厕所——如果你去了现场，也可以推知大小。

　　接下来就是迈克尔·乔丹。

　　联合中心最具代表性的建筑就是"飞人"的雕像。铜制雕像正是他单手持球滑翔扣篮的动作——联合中心能容纳两万人左右，到场的每个球迷应该都在这里留影过。后来，公牛队决定为斯科蒂·皮蓬造塑像，但是为了确保"飞人"的地位，"蝙蝠侠"的塑像被置于球馆里面，而不是像犹他爵士队那样把卡尔·马龙与约翰·斯托克顿的雕像并排而放。

　　我去采访的时候，芝加哥公牛队已经失去了统治力，但联合中心的上座率居然年年能排进联盟前三——实在令人惊叹。后来，这座城市有了德里克·罗斯，但在罗斯来之前的那几年公牛队一直排在东部联盟的倒数位置，上座率却依然居高不下，堪称不易。

　　"其实，每晚来这里我们更多的是把这当成一种家庭活动。"一位女球迷说她和家人每场不落地来给公牛队捧场，"自从 1998 年后我对这支球队就谈不上有多喜欢，但我家人都喜欢。我可不愿一个人在家里度过无聊的夜晚，所以干脆一起来，反正票也不算贵。"

公牛队的球票确实不算贵，场地票除外，其余各层的票价最高的只有125美元，最低的10美元就能拿下。这位女球迷的票就是10美元的，全家四口人花40美元度过一个热闹的夜晚，总体消费也就跟看一场电影差不多。

当然公牛队也在不停地想办法。为了尽可能地娱乐球迷，他们"养"了比其他任何球队都多的啦啦队：一个少女啦啦队，不新鲜；一个大胖子啦啦队，一群大胖爷们一个比一个肥；还有一个敲垃圾桶的组合，几个非洲裔美国小孩各执一对鼓槌在垃圾桶上做文章；还有一堆吉祥物，主打的叫班尼，一只人形大小的牛，他引领着一帮身高体重各不相同的牛，高的头到篮筐，矮的堪比侏儒……每次暂停时公牛队总能拿出一套新鲜阵容来娱乐球迷，这，并不是所有球队都能做到的。

联合中心不但受球迷欢迎，媒体记者们也比较喜欢这里。首先说座位，他们不像有些球队把除摄影记者之外的媒体人都赶到上层。在联合中心，所有记者都有场地座位，位置就在一侧的篮架后方。媒体席配有电视、电话、电源插座，想的算是非常周到的了。

媒体工作室与赛后的新闻发布会会场在一个房间里。公牛队的媒体公关也做得很到位，各种关于比赛的信息，无论是主队的还是客队的，都准备齐全，任人领取。如果工作累了、饿了，旁边的媒体餐厅还为记者们提供免费的蛋糕、爆米花以及各种饮料。

"自从冠军时代过去后，我们就变成一支小市场球队了。"球队的公关主席布鲁斯特女士说话的时候实事求是，"我们想尽办法为媒体创造出最好的工作环境，就是希望大家多来报道现在的芝加哥公牛队。"

那么，"乔丹年代"时也是这样吗？

"那时候可不一样，我们就连椅子都不准备，这个屋子（媒体工作室）每个晚上也是人满为患！"

那么，迈克尔·乔丹在这座城市、在美国的影响力就可以知道了。

而现在，才刚刚过完新秀赛季的小屁孩——科比·布莱恩特要去挑战依然身处巅峰的"神"了。等着吧，大戏来了。

1997年12月17日，洛杉矶湖人队前往芝加哥，在因为迈克尔·乔丹的强势存在而被全世界关注的联合中心，**科比·布莱恩特算是第1次真正意义地向"神"发起了挑战**。如日中天的迈克尔·乔丹在自己的地盘依然难以阻挡，全场砍下36分，率领自己的球队以104：83大胜湖人队，需要补充的是，"大鲨鱼"缺战了。撇开胜负，就科比个人而言他也不甘示弱，比赛中将迈克尔·乔丹的动作演绎得惟妙惟肖，同样砍下33分，而且是替补上场，只用了29分钟。不过，这场对决的赢家说到底还是现场的24119名观众，他们看到一老一少、两个"迈克尔·乔丹"之间的巅峰较量。

"你知道他很厉害，他其实才是个二年级球员，他的确学到了很多，未来肯定会学到更多，不断进步，他会更加难以阻挡。之前我也和很多老一代的球员交过手，今天我感觉自己和他们扮演着一样的角色，科比证明了自己有足够的能力去主宰比赛，他在进攻端有着足够多的招式。"

在当时，日渐垂暮的"飞人"已经感受到了自己正在经历一种历史传承。在格兰特·希尔和安芬尼·哈达维这对接班人渐渐褪去光环后，人们惊奇地发现：在NBA，还有这样的一个天赋少年，他的名字叫科比·布莱恩特。

众人的追捧并没有让科比迷失，他自己也清楚，他还有更伟大的事情要做。"最重要的是，必须让大家知道你在这里，你是真材实料的，并非昙花一现，我不想成为一个只进一两次全明星阵容的球员。我来（这里）就是要成为历史上最伟大的球员。一旦我立志如此，比赛就变成了我的一切。"他说。

对于科比的未来，所有人都充满期待，而球迷们更是因为这样一个少年欢欣鼓舞。在当年的全明星投票中，人们惊喜地发现，西部明星队的首发阵容中，科比·布莱恩特的名字赫然在列，尽管当时西部的得分后卫有克莱德·德雷克斯勒、米奇·里奇蒙德、杰夫·霍纳塞克等众多好手，但美国球迷就是这样，喜新厌旧，所以当"林疯狂"于2012年2月4日在纽约横空出世后，整个美国都爆炸了，而1997—1998赛季的科比·布莱恩特，和林书豪的处境又是何其相似。

尽管有人质疑，尽管有人不满，但科比超越了他的湖人队前辈"魔术师"而成了联盟历史上最年轻的全明星首发，这却是一个不争的事实。要知道，1997—1998赛季，"黑曼巴"甚至还没有在湖人队获得首发位置，而湖人队真正的首发得分后卫埃迪·琼斯却要在全明星周末的赛场上给科比打替补。有时候，历史就是这样讽刺。

1998年2月8日，全明星赛在麦迪逊广场花园进行，科比还从来没有经历过这样的大场面。

是的，科比之前来过麦迪逊广场花园，但那时候他只是湖人队的替补球员而已，像今天，全美国乃至全世界的记者都围绕在这里，身旁是一个又一个的成名巨星，在NBA还只是一名二年级高中生的科比难免会有些不知所措。"我的身体都快麻木了。"圆桌采访的时候科比老老实实地说。凯文·加内特看出他的紧张，同为高中生球员的他拍着科比的肩膀说道："别担心，（比赛中）跟着我跑就行了，我会给你传球的。"

"狼王"没有食言，上场后不久，他就助攻科比完成一记空中接力的扣篮。而当面对迈克尔·乔丹的时候，科比再次向着自己心目中的"神"发起了挑战——**当卡尔·马龙在高位要为科比做掩护的时候，这位毛头小子痛斥巨星："闪一边，我要自己来。"**

"邮差"灰头土脸。

"飞人"当然不会轻易向后辈认输，他一次次地用自己的绝技教训这个不知天高地厚的小辈，"黑曼巴"则用360°转身暴扣赢得满堂彩。两代巨星之间的较量让球迷们看得如痴如醉，但第4节，西部明星队主教练、一代名帅乔治·卡尔开始打压科比，让他坐在板凳席上，最终只得到西部明星队最高的18分，迈克尔·乔丹则以23分、6个篮板、8次助攻、3次抢断抱得MVP奖杯。

和迈克尔·乔丹一样，卡尔也出自北卡罗来纳大学，二人之间有着很深厚的情谊。卡尔历来就喜欢打压新秀，更是一个讲究尊卑有序的学院派教练。"我们在球场上的表现有些过于娱乐化了。"事后，乔治·卡尔这样解释冷藏科比的行为。但他忘了，那可是全明星赛啊，就是为了娱乐的。

MAMBA
FOREVER

"毒瘤"之说

　　开个玩笑，德尔·哈里斯和乔治·卡尔肯定是同道中人，他同样认为科比的动作过于花哨、华而不实，这话听起来就跟 20 多年前那些教练批评乔·布莱恩特的一模一样。尽管有湖人队老板杰里·巴斯以及杰里·韦斯特不断地旁敲侧击，让"银狐"多给科比机会，但老帅就是不为所动。如果不是接下来埃迪·琼斯因为流感缺席，科比的 1997-1998 赛季可能真要把板凳坐穿。

　　1998 年 2 月 10 日，在客场对阵波特兰开拓者队的比赛中，科比首发出战，30 分钟的时间他拿下 17 分，但湖人队却以 12 分的分差失利，尽管"大鲨鱼"的 31 分、12 个篮板均是双方球员中的全场最高，并且还送出 1 次助攻、2 次抢断、2 个盖帽。带来的后果则是，德尔·哈里斯更加认定科比·布莱恩特就是毒瘤，于是坚定了安排他打替补的决心，之后的比赛，他宁愿用琼·巴里也不会使用"黑曼巴"了。

　　即使是杰里·巴斯大发雷霆也无济于事。于是，接下来的比赛中科比好一场、坏一场，在常规赛的末段终于找到了感觉，最后的 25 场湖人队拿下其中的 21 场胜利，场均可以攻下 105.5 分，比排名第二的明尼苏达森林狼队足足多了 4.4 分。这段时间，湖人队各种眼花缭乱的配合、各种空接暴扣，令球迷们似乎回到暌违已久的"SHOWTIME 时代"。

　　1997-1998 赛季，因为帕特里克·尤因、哈基姆·奥拉朱旺、大卫·罗宾逊等巨无霸的日渐老去，沙奎尔·奥尼尔统治了联盟内线，他场均可以拿下 28.3 分，只比得分王迈克尔·乔丹少 0.4 分。*而科比·布莱恩特，出战 79 场比赛却有 78 场打替补，不过，在 26 分钟的时间里仍然可以拿下 15.4 分、3.1 个篮板、2.5 次助攻，因此，他也成了湖人队历史上赛季场均得分最高的替补球员。*

常规赛取得 61 场胜利，"紫金军团"一下子成了夺冠大热门，但浮华背后却是另一番不为人知的苦涩：身为主教练的"银狐"和球员们的关系越来越糟糕，他不满球员们更加忠诚于湖人队老板杰里·韦斯特而不是他这个主教练，而球员们则集体摊牌要求解雇这名老帅。杰里·巴斯也有这样的意愿，但一个 61 胜 21 负的主教练，解雇他是要冒一定风险的，再加上老巴斯刚好手头没钱了，这事也就不了了之。而这时候的"黑曼巴"，处境相当尴尬：赛季后半段的低迷令德尔·哈里斯直言他不愿融入球队，打球自私；一家洛杉矶当地电视台发起的民意调查甚至显示，55% 的球迷认为没有科比·布莱恩特的湖人队反而会是一支更好的球队。

如果哈里斯继续留在湖人队，科比似乎难有出头之日。这也就是为什么之后科比总说，有没有上过大学不重要，重要的是有个好教练来带。

果不其然，到了季后赛，哈里斯还是不信任科比。首轮，湖人队以 3：1 战胜开拓者队，科比第 1 场得到 15 分，最后一场拿下 22 分，但中间两场只拿下 4 分。第 2 轮，湖人队遭遇西雅图超音速队，首场比赛科比出战 16 分钟只拿下 4 分，结果球队惨败。哈里斯顺理成章地"软禁"了科比，球队随后势如破竹连赢四场，哈里斯再次确认：

科比·布莱恩特是毒瘤。

西部决赛，湖人队和爵士队这对仇敌狭路相逢，尽管常规赛中湖人队以 3：1 占优，但这次他们还是输得很惨。

首场比赛，沙奎尔·奥尼尔被犹他爵士队的一群粗人给压制了：有"大狗"之称的格雷格·福斯特、有"大白熊"之称的格雷格·奥斯特塔格、安东尼·卡尔、亚当·基夫分别犯规 3 次、4 次、5 次、2 次，而"大鲨鱼"罚球只有 16 中 7，最终进账 19 分、8 个篮板，而外线的科比在 31 分钟里更是 14 中 4，尽管依靠罚球得到 16 分，但之于湖人队只是杯水车薪，最终以 77：112 惨败。

随后的三场比赛，尽管奥尼尔大发神威，分别砍下 31 分、39 分 15 个篮板、38 分，但球队外线集体低迷，最终，他们以 0：4 在"大鲨鱼"的"被横扫史"上再添一笔。

这是"大鲨鱼"在 NBA 的第 6 个赛季，5 次打进季后赛 4 次被横扫，似乎这就是他的宿命——1994 – 1995 赛季便打进总决赛，但同样是被"大梦"以及他的休斯敦火箭队横扫。

当初，离开魔术队转投湖人队，他就是为了避免这样的尴尬。更糟糕的是，好事的洛杉矶媒体又来了，他们认为沙奎尔·奥尼尔就是一个被高估的中锋。更让奥尼尔难以接受的是队中一些球员的打球态度：早在西部决赛第 4 场开打前，亦即湖人队以 0：3 落后的时候，尼克·范埃克塞尔就发疯了，得意扬扬地说自己终于可以去度假了；埃迪·琼斯则呼朋引伴，准备去拉斯维加斯找乐子。

这对哥们儿可把"大鲨鱼"给气疯了，他将更衣室中的电视机砸得稀碎，随后，甚至将洗手间小便池都给拽下来。没人知道怎么去劝住这个大块头。

杰里·韦斯特除外，他指着奥尼尔大骂："我在拿下总冠军之前连续输了 9 次总决赛，你这就受不了？"

而老板杰里·巴斯也走进德尔·哈里斯的办公室，对主教练下了最后通牒："尼克·范埃克塞尔和埃迪·琼斯下赛季必须走人。"

而科比·布莱恩特，默默地走进了更衣室，再次经历失败的痛楚，他希望自己能够成为迈克尔·乔丹一样的英雄拯救球队，但是他没有，除了首战 16 分，之后的三场分别是 9 分、9 分、6 分，上场时间分别是 22 分钟、15 分钟、19 分钟。但他不知道的幕后故事则是："湖人队教父"除了指着奥尼尔痛骂外，还和"大鲨鱼"有过一番促膝长谈，此次谈话的内容就是：

沙奎尔·奥尼尔放下成见，扶持科比·布莱恩特这个不知天高地厚、屡屡坏事的野小子。

"OK 时代"即将来临？这么想你就大错特错了。**黎明出现之前，总要经历那漫漫长夜。**

MAMBA FOREVER

矛盾初现

科比迫不及待地想要重新证明自己，但在 1998 年的夏天，NBA 正在经历着劳资纠纷，就这样球员们和老板们在利益分配的谈判中陷入僵局。从 1998 年 7 月 1 日开始到 1999 年 1 月 20 日，球员们无所事事，老板们也因为没有挣到钱而大为苦恼，这便是 NBA 历史上的第四次停摆。

这次停摆让劳资双方都损失不小，原本 82 场的常规比赛被缩减到 50 场，并且不得不在 89 天的时间内打完，就连奇葩的"背靠背靠背"的比赛都成了常态。

另一个变化则是，迈克尔·乔丹第二次退役了，只是这件事跟洛杉矶湖人队以及科比·布莱恩特、沙奎尔·奥尼尔并无太大关系。

当 1998-1999 赛季的训练营开始的时候，球员们一个个无精打采，仿佛是度过了一个疲惫的休赛期，"大鲨鱼"明显身材发福，已经完全变成一个大胖子，这让德尔·哈里斯很是无奈。好在科比并没有放松对自己的要求，依然坚持着自己的魔鬼特训，于是，哈里斯让科比坐到首发小前锋的位置。

戏份的增加让科比的数据进一步上涨，**赛季前十场他场均可以拿下 20.6 分，投篮命中率达到了 46.4%**。这时候，科比孤傲的性格开始发挥负面作用，他越发不将奥尼尔放在眼里，甚至开始公然和奥尼尔对抗。

湖人队老大当然不允许小弟如此挑衅。沙奎尔·奥尼尔相信迈克尔·乔丹退役后，自己就是这个联盟中最有统治力的球星，而在他眼中，科比只是一个不知道天高地厚、爱出风头的小子。而科比对于奥尼尔也十分不满，在他看来，作为球队领袖，奥尼尔训练太过懒散，将太多时间都花在了花天酒地上，这就是一个浪荡子，怎么还好意思当老大、管教别人？

科比看奥尼尔不顺眼，奥尼尔也觉着科比太碍眼，终于，量变成了质变，一次训练中，奥尼尔掌掴了科比，而科比正是血气方刚的年纪，这怎么能忍？当下就要对着干。当然，那么多人都在现场，二人怎么也不可能打起来，而且，当时科比在湖人队的人缘并不好，看着奥尼尔教训那个不知道天高地厚的年轻人，老球员还指不定怎么乐呢。

事情还没完。随后不久，奥尼尔在更衣室中编了一首RAP来嘲讽科比，歌词针对谁不言而喻。更为糟糕的是，奥尼尔甚至在接受采访的时候对着满屋子的记者指向科比，然后若无其事地说道："看，那就是我们球队的问题所在。"

没有人站出来支持科比，这让"黑曼巴"很难受，但科比仍然坚信着：把球打好这比什么都重要。

即便周遭全是冷眼旁观也无所谓，因为站在金字塔塔尖的人总是没朋友，那时候的科比虽然还没成功，但他已经做到了没朋友。更糟糕的是，赛季中期，科比和湖人队签下了一份6年、7100万美元的续约合同，那时候的湖人队内部矛盾已经公开化，看到管理层公开支持科比，一个个都愤愤不平。

而年少轻狂的科比，则变本加厉。比赛中，他对球队的战术置若罔闻，一心一意只顾着单打独斗，这也让湖人队士气低落，球队战绩更是一路滑坡。战绩不好，教练背锅，于是61岁的"银狐"成了"替罪羊"，在赛季打完12场后，令人震惊的事情发生了：忍了许久的杰里·巴斯宣布德尔·哈里斯下课。

在湖人队的四个赛季，德尔·哈里斯常规赛分别拿到了48胜、53胜、56胜和61胜，但最终，这位老帅的命运以下课而告终。事实上，

1998 年曾有其他球队希望得到哈里斯，老巴斯也愿意放他走人，但哈里斯坚持认为湖人队更有希望夺冠，为了这份希望，哈里斯最终是颜面扫地。不过，对于科比·布莱恩特来说，哈里斯走人也算是好事，至少心静了，不用再担心上场时间的问题了。

而他和沙奎尔·奥尼尔之间的纷争，才刚刚开始。

MAMBA
FOREVER

擦枪走火

要么砸钱豪赌总冠军，要么开源节流不做冤大头。杰里·巴斯若有所思，看着如今的湖人队是这番模样，他决定做出另一番"豪赌"。

哈里斯成了杰里·巴斯的第一个刀下鬼，在比尔·贝特卡过渡一场后，主教练之职最终由肯特·托马斯接任，直到赛季结束。第二个和第三个刀下鬼则是能攻善守的埃迪·琼斯和埃尔登·坎贝尔，1999年3月10日，两人一并打包送往夏洛特黄蜂队，换来射手格伦·莱斯。从某种意义上讲这也算是给科比的成长扫清了障碍，尽管这个赛季科比坐上首发位置，但埃迪·琼斯的存在总是会让科比感觉到有些牵绊，如针芒在背。

当然，杰里·巴斯这么做的主要原因是省钱，毕竟那时候埃迪·琼斯已经到了合同年，巴斯已经给了沙奎尔·奥尼尔和科比·布莱恩特千万美元的大合同，他不打算将第三个千万美元的合同给埃迪·琼斯。

计划看起来不错，莱斯似乎是奥尼尔喜欢搭档的那种射手，而科比也重新回到得分后卫的位置，但巴斯没有想到的是，琼斯在湖人队外线防守中扮演着"马其诺防线"的角色，当琼斯走后，湖人队外线防守开始崩溃。

战术上的缺失仍然不是最重要的，最重要的是琼斯走后，"OK组合"的内部调解员也不见了。琼斯是湖人队少有的几个能让科比信服的人，每当"OK组合"出现内部矛盾的时候，他都会站出来，息事宁人。但琼斯走后，"O"和"K"之间顿时成了一种死磕到底、不是你死就是我活的态势。到了常规赛季的后半段，科比和奥尼尔经常通过媒体隔空喊话，小小的更衣室里经常是人头攒动，这可乐坏了洛杉矶的记者们。唯恐天下不乱的他们，终于不用为写作素材发愁了。

湖人队不是不知道有这样的矛盾，但他们又舍不得二人之中任何一个人的天赋，这也是肯特·兰比斯出任主教练的原因。但谁也没有料到的是，球员时代是如此强硬的一个防守者，当了主教练竟然能在湖人队扮演一个和稀泥的角色。

上任初，兰比斯给球队带来很大惊喜，前9场比赛都取得胜利。这样的战绩让巴斯兴奋不已，他甚至相信：肯特·兰比斯是下一个帕特·莱利，菜鸟赛季就可以带领湖人队打出好战绩。

在此期间，除了科比和奥尼尔外，还有一个人给洛杉矶的媒体贡献了不少的素材，那就是丹尼斯·罗德曼。乔丹退役之后，那支公牛队也就分崩离析，拜当年的坏名声所赐，联盟中没有一支球队敢收留"大虫"。

在湖人队，奥尼尔一直抱怨自己身旁没有一个像样的大前锋，恰好这时候杰里·巴斯和丹尼斯·罗德曼在夜店不期而遇，于是"大虫"加盟"紫金军团"，拿着100万美元的底薪。刚开始的时候，罗德曼的篮板球确实给球队带来很多帮助，但没多久他就开始不断请假、拒绝上场、缺席训练，甚至有时候一身酒气就来到了训练场。只待了51天，湖人队当机立断，将其放弃。

罗德曼还能裁掉，但对于科比和奥尼尔之间的矛盾，肯特·兰比斯是一点儿办法也没有。到了赛季后期，科比沉迷于个人进攻，经常单骑闯关逞英雄，但他的投篮命中率只有三四成。奥尼尔极度不满，科比这是把NBA的比赛当高中比赛打了？忍无可忍，湖人队球员们开起球员会议。不，更像"科比·布莱恩特批斗大会"。

这时候的科比，孤独地坐在更衣室的墙角，一言不发——科比是那么聪明，他当然知道自己都干了些什么，他又应该有什么样的姿态。这时候，肯特·兰比斯冲进来，主动为"黑曼巴"打圆场："他还只是个孩子，你们年轻的时候不自私吗？"听到这句话，湖人队的球员们全都愣住了，他们没有想到这话竟然是出自这位硬汉之口，他们虽然嘴上一言不发，但在心中已经决定不再为这位主教练卖命了。

惨遭横扫

1998-1999 赛季，沙奎尔·奥尼尔场均砍得 26.3 分、10.7 个篮板、1.7 个盖帽，不过，因为阿伦·艾弗森在赛季末段连续砍下"30+"，最终，"大鲨鱼"以 0.5 分之差再次无缘得分王。但凭借着超强的统治力，他最终入选了最佳阵容第二队，而第一中锋则是阿朗佐·莫宁，他所效力的迈阿密热火队以 33 胜 17 负排东部第一，而西部第一则是圣安东尼奥马刺队，37 胜 13 负。东弱西强的格局也是从 1998-1999 赛季开始的。

尽管只有 50 场比赛，但科比·布莱恩特终于全部首发，场均拿下 19.9 分、5.3 个篮板、3.8 次助攻，不仅最终入选了最佳阵容第三队，而且是球队的 2 号人物。而这支球队的 3 号人物，不，根本就没有 3 号人物，刚到洛杉矶的格伦·莱斯 31 岁，再等 5 个赛季就要退役了。但肯特·兰比斯带领的洛杉矶湖人队则是高开低走，最终，在缩水的 1998-1999 赛季只有 31 胜 19 负的战绩，位列西部第四。

就这样，季后赛开始了。

首轮，他们碰上了和他们战绩相同的休斯敦火箭队，但当时所谓的休斯敦"三巨头"——哈基姆·奥拉朱旺、查尔斯·巴克利、斯科蒂·皮蓬都已是老暮垂朽的年纪，湖人队兵不血刃，以 3∶1 战胜了这样的对手，相当轻松。

第 2 轮，他们碰到的是联盟新贵圣安东尼奥马刺队。那已是蒂姆·邓肯加盟 NBA 的第 2 个赛季，再加上"海军上将"的辅佐，"双塔"威力巨大，生猛无比。科比当时可能还没有料到，自己碰到的正是一个未来 10 多年都将让他苦恼不已的强悍对手。

尽管那时候的"大鲨鱼"还没有完全将"季后赛球员"的特质展现出来，但客观地说，首轮比赛，他才是球场上的主宰——唯一的主宰，27 分、11 个篮板，28 分、9 个篮板，26 分、10 个篮板，37 分、11

个篮板，以一己之力便搞定"三巨头"，而"黑曼巴"的 17 分、5 个篮板、5 次助攻，19 分、9 个篮板、5 次助攻，13 分、9 个篮板、5 次助攻、24 分、6 个篮板、8 次助攻只能算作必不可失的补充。但到了"双塔"面前，奥尼尔的内线优势不再那么明显，反而是湖人队本就羸弱的防守被马刺队冲得七零八散。由于常规赛季战绩落后，没有主场优势，双方的首场较量便在马刺队主场阿拉莫球场举行，虽然湖人队的进攻依然犀利，奥尼尔、科比、莱斯分别拿到 21 分，但整体的投篮命中率低得可怜，只有 38.0%，纵使是"大鲨鱼"也是在"双塔"的防守下不可思议地 19 中 6，反而是平常总遭羞辱的罚球达到 14 中 9 帮他挽回颜面——不仔细看，恐怕多数人以为是技术统计表格出错了呢。81：87，湖人队败北。

再战，科比的一记三分球曾让湖人队将比分短暂反超，但邓肯如佛一般不为所动，终场前 8.4 秒，一记标志性的擦板投篮率领马刺队再胜一场，大比分是 2：0。

在 NBA，0：2 还有得打，如果是 0：3 就基本只能等着缴械投降了。于是，第 3 战，湖人队发起猛烈反扑，但邓肯还是邓肯，包揽了马刺队的最后 13 分，一个人硬生生将领先扩大至 3：0。

第 4 战，湖人队已经被马刺队打得一点儿脾气也没有了，最终，"大鲨鱼"第 5 次遭遇被横扫的苦涩。

最窝火的是，在这个系列赛中，沙奎尔·奥尼尔在和蒂姆·邓肯的较量中完全败北。在进攻端，"大鲨鱼"首战命中率低，后面的三场命中率都提高到他的平常水平，分别是 11 中 7、14 中 8、23 中 12，但问题是出手次数只有 11 次、14 次、23 次，所以进账分别只有 16 分、22 分、36 分，倒是科比 25 次、18 次、16 次疯狂出手，可进账也只有

28 分、20 分、16 分。在防守端，"大鲨鱼"可以封锁大卫·罗宾逊，常规赛季可以用垃圾话将莫宁逼得面红耳赤，但不为所动的邓肯，愣是让奥尼尔不知道该如何去攻破。

还好，这时候的蒂姆·邓肯还年轻，还没有对奥尼尔说上这么一句："未来是你的。"

写到这里，我得插入圣安东尼奥这座城市里大卫·罗宾逊与"GDP 组合"的故事，毕竟，他们几乎贯穿了"黑曼巴"的 NBA 生涯，也曾与"OK 组合"打得天昏地暗、不可开交。而在评价科比·布莱恩特、蒂姆·邓肯、沙奎尔·奥尼尔的未来，尤其是 21 世纪初的历史地位时，正所谓"活在当下"，对于偶像总是遵循厚今薄古的造星规律，眼前是科比领先，未来还难说百分之百的保险呢。

其实，圣安东尼奥是得克萨斯州的一座宁静小城，在美国算不上旅游城市，也并不太出名，正是由于马刺队多年的强势表现才被越来越多的人所熟知。

由于与墨西哥接壤，圣安东尼奥有着浓重的墨西哥风格，文化与历史气息很重。最著名的是阿拉莫遗址，有点儿北京老城墙的意思。但如果实地游览，除非你对美国解放战争的历史有浓厚兴趣，否则也只会有种"到此一游"的感觉。与这个遗址相关联、NBA 球迷不得不了解的事情是，在 2002 年 10 月 18 日前他们的主场便设在阿拉莫球馆。

圣安东尼奥的另一著名景点 River walk 则是大不同，去过这座城市的人都来看过。所谓的 River walk 就是一条位于城中心的河，河水也不算清澈——所以你千万别往水里看，看看河周围的景色就行：很有情趣，大大小小的饭馆，可以坐在河边边吃东西边看着河里的观光小船游来游去。与 NBA 球迷切身相关的则是，但凡马刺队夺冠后总要游河，而其他球队是游街。

我之所以印象深刻，是因为 2004—2005 年总决赛在圣安东尼奥的首场与次场之间，大卫·斯特恩宴请来自世界各地的所有媒体成员，就是在河边的一家餐馆吃自助烧烤。几乎所有采访那年总决赛的中国媒体都出席了，毕竟是联盟总裁请客，听起来很有面子。而且得克萨斯州的烧烤非常有名，牛羊鸡猪应有尽有。除了美食，斯特恩还特意把即将颁发的总冠军奖杯带到现场供大家拍照——当然，最后是马刺队以4∶3战胜底特律活塞队，这座奖杯也留在了圣安东尼奥。

除了斯特恩请的这顿烧烤，马刺队主场的媒体餐厅每顿饭都提供墨西哥餐：一摞小饼，旁边一桶肉酱。饼一摊，酱一扣，吃去吧。墨西哥餐很重视豆子，几乎所有菜里都有，就连上述的肉酱也有很多豆子。

现在该说说圣安东尼奥马刺队了。由于是小城市，这里的人对家乡球队的支持反而更质朴、更执着，总决赛期间，无论是市政府机构还是公司大楼都会挂"Go Spurs Go"的标语——这种感觉，与俄克拉荷马城的人民类似。

只是，从1998–1999赛季开始，一次次地令洛杉矶湖人队以及"OK组合""K老大"吃尽苦头。眼前的这个回合，只是开始。

1998–1999赛季也是湖人队在论坛球馆的最后征战，下个赛季他们就要搬到斯台普斯中心。

这是大喜事，但自信心受到伤害的沙奎尔·奥尼尔早早离开了人们的视线，返回奥兰多的家中。谁也不知道他在想什么，也不知道他的下一步会怎么走。其实，奥尼尔正在家中生闷气，接连用这样的方式输球，他还不如留在奥兰多，至少还能留一个忠心耿耿的好名声。

这时候，杰里·韦斯特拨通了他的电话，奥尼尔终于逮到了机会，一肚子苦水如倾盆大雨，当然，这些话一大半是针对科比·布莱恩特的——1997–1998赛季被横扫后，"湖人队教父"希望他着力扶持的科比·布莱恩特。

韦斯特静静地听着，听着奥尼尔那些抱怨的声音，等到奥尼尔骂累了，才问奥尼尔："现在球队最急需的是什么？"

奥尼尔答："一个值得尊重的主教练。"

杰里·韦斯特听了，在电话的另一端停顿了很久。这让奥尼尔一度以为信号不好，连声询问他还在不在线。

"你觉得菲尔·杰克逊怎么样？"

第二章

第1次
总冠军

1999 - 2000

无论如何，这是 NBA 总冠军——尽管
科比·布莱恩特不是最重要的成员。但
退一步讲，作为仅次于"大鲨鱼"的
总冠军拼图也是所有年轻人的梦想啊。

"禅师"驾到

在那时候，这样的人选是不可想象的，但你们可能还不知道：一开始，杰里·韦斯特是拒绝的。

两人之间的恩怨算是历史遗留问题。早在 20 世纪 60 年代末期，球员时代的"禅师"效力于纽约尼克斯队，就对埃尔金·贝勒引领的"紫金军团"十分不爽，甚至在一场比赛后他走过去给了杰里·韦斯特的鼻子一肘子，后者当即血洒赛场。

球员时代的杰克逊成就并不高，尽管也追随尼克斯队拿到过总冠军戒指，但与杰里·韦斯特相比是天上地下的差距。职业生涯的最后两个赛季在新泽西篮网队度过，退役后，他转战芝加哥公牛队成为这支球队的助理教练，1989–1990 赛季机缘巧合成为主教练，之后"禅师"的张扬依旧不改，尤其是引领"迈克尔·乔丹＋斯科蒂·皮蓬"而建立第 1 个公牛队王朝后，巨大的成功使得他更加口无遮拦，四处树敌。

此外，贪婪的个性、对权力的渴望也令"禅师"一度和公牛队管理层之间水火不容。无论外界如何神化，都是一个圈子里的人，"禅师"怎么样，"湖人队教父"不是不清楚，所以，当洛杉矶湖人队被圣安东尼奥马刺队横扫后，很多人都呼吁菲尔·杰克逊入驻这支纸面上的豪华之师，杰里·韦斯特听了，咬牙切齿地说："让菲尔见鬼去吧。"

如果我们从后往前看，再次"事后诸葛"一回，韦斯特最初的判断是正确的：菲尔·杰克逊是一个控制欲望很强的人，一旦就此加盟，他和杰里·韦斯特之间的矛盾会日益加深。而且，日后发生的琐闻，即"禅师"和杰里·巴斯的女儿珍妮·巴斯之间的关系，也令韦斯特夹在中间，很难做人。这就如同你的下属是你老板的情人，你究竟该怎么去管？

好在韦斯特深爱湖人队，举贤不避仇，他只会去做对湖人队有利的事情。韦斯特明白，这时候的湖人队并不缺少有天赋的球员，拥有"大鲨鱼"和"黑曼巴"这样的一个正在冉冉升起的恐怖组合,他们只是需要一个能够镇得住场面的主教练。而"禅师",就是这样一个人,就连迈克尔·乔丹都在他的手下乖乖打球,"大虫"同样被治得服服帖帖,沙奎尔·奥尼尔和科比·布莱恩特又有什么资格去瞎闹?

杰里·巴斯也需要"禅师"。1999–2000 赛季,湖人队刚刚搬到设施完善、装修奢华的斯台普斯中心,他们需要"禅师"这样的传奇教练去"蛊惑人心",去赢票房。此外,还有一个人让韦斯特下定决心,这个人就是沙奎尔·奥尼尔。当时,身为湖人队真正核心的"大鲨鱼"就曾公开表示,如果"禅师"不来他就申请交易。

就这样,菲尔·杰克逊带着他的"四套班子"加盟湖人队,几乎是将原来的芝加哥公牛队的教练组带到洛杉矶湖人队。

既然教练组都搬来了,三角进攻自然不可或缺,于是,1999 年 10 月 13 日,36 岁的双能卫罗恩·哈珀来到湖人队,成为这支球队的首发。再加上之前已有大前锋 A.C. 格林,一个首发阵容算是完整了。但在今天,这个阵容实在是算不了什么,说到底巨星只有"大鲨鱼"。

所以,实际上,"禅师"还想把一个人带到洛杉矶,这个人就是他在芝加哥的老部下、全能小前锋斯科蒂·皮蓬,他比任何人都了解三角战术,但当时昔日爱将已经加盟到休斯敦火箭队。

皮蓬也愿意投奔恩师,所以他主动要求火箭队将其送走,但这笔交易最终被杰里·巴斯否决,原因很简单,皮蓬年薪将近 1500 万美元,太贵了!最终,皮蓬被波特兰开拓者队争取到,而"禅师"则捶胸顿足,痛斥湖人队老板:"你这是在给我们制造敌人。"——这话可是说对了,之后湖人队的夺冠之路很快就要揭晓答案。另一方面,如果不是杰里·巴斯惜财,"蝙蝠侠"很可能在离开迈克尔·乔丹后拿到总冠军。

"禅师"究竟是不是一名伟大的教练?恐怕没有人会 100% 认可,如果你拥有迈克尔·乔丹、拥有"OK 组合"、拥有"科比·布莱恩特 + 保罗·加索尔"这样的组合,恐怕每个教练都会说自己有能力拿到总冠军。但前提是,你得拥有他们。

　　而在现实世界"禅师"真正厉害的地方，就在于他是一个老谋深算的心理大师，在球队纷繁复杂的各种关系中他总能随意游走。所以加盟后不久，他就看出：

湖人队真正的老大只有一人，球队的成败荣辱系于一人，这个人不是科比·布莱恩特，而是正如日中天的沙奎尔·奥尼尔。

MAMBA
FOREVER

"大鲨鱼"的统治

"湖人队有能力赢得超过 60 场胜利，但前提是沙奎尔·奥尼尔必须打出 MVP 级别的表现，否则我们还是会早早地回家钓鱼。"菲尔·杰克逊的这番话深深地印在奥尼尔的心里，如针扎一般地刺痛。这已经是他进入联盟的第 8 个赛季，但除得分王和最佳新秀之外，他仍然两手空空。

奥尼尔已经厌倦了，厌倦了人们将他和历史上的超级中锋做比较，厌倦了人们将他称为"数据刷子"。季后赛连续遭到横扫，深深地打击着奥尼尔的自尊心，况且这话还是从曾经执教过迈克尔·乔丹的教练口中说出来的。

"沙奎尔·奥尼尔在那个赛季的专注度，远超过之前的任何一个赛季。"已经坐稳替补组织后卫的德里克·费舍尔回忆说。1999–2000赛季的他还只是"小鱼"，不是日后的"老鱼"，尽管他也趁赛季初"黑曼巴"缺席的机会连打 19 场首发。这个赛季，奥尼尔拿下恐怖的场均29.7 分、13.6 个篮板、3.0 个盖帽，三项数据分列联盟的第一、第二、第三，投篮命中率也高达 57.4%。此次，他的场均 3.8 次助攻也是其职业生涯之最。2000 年 2 月 13 日的全明星赛在奥克兰球馆举行，他和蒂姆·邓肯分享了全明星赛 MVP，与之相配合的则是，更像是心理师而不像是主教练的菲尔·杰克逊不失时机地"不经意"提出，1998–1999赛季的总冠军圣安东奥马刺队和总决赛 MVP 蒂姆·邓肯水分含量足，因为赛季缩水嘛。而 MVP 票选中，"大鲨鱼"也得到了 121 张第一人选票中的 120 张，差点儿就创造全票（注：是指全部的第一名投票）当选 MVP 的奇迹。

此外，他还入选了最佳阵容第一队和最佳防守阵容第二队，为此，"大鲨鱼"甚至得意扬扬地给自己起了一个外号："大亚里士多德"，理由是亚里士多德曾经说过："优秀不是一种行为，而

是一种习惯。对我来说，伟大就是一种习惯。"——由此可以看出，这个大块头还是很有文化修养的。

不过，正所谓"万事开头难"，菲尔·杰克逊执教湖人队在当时并不被外界看好，普遍认为他在芝加哥创造的辉煌声誉将会被这个烂摊子毁掉，而在揭幕战击垮犹他爵士队、次战大胜温哥华灰熊队后，第3战他们便碰到了波特兰开拓者队——一个强劲的对手。结果，在这场比赛中，身为这支球队领袖的斯科蒂·皮蓬拿下19分、8个篮板、5次助攻，并率队大胜湖人队15分，仿佛是在说："老巴斯你后悔去吧。"这时候，杰克逊又开始用他的方式去激励球队，接受媒体采访时"禅师"表示："我不知道沙克能否当好湖人队领袖。他的罚球太过糟糕，关键时刻你很难将他留在球场上。"

这是菲尔·杰克逊的一贯做派。好事的记者当然会想方设法将这个消息告诉奥尼尔，结果，接下来的比赛中"大鲨鱼"受到刺激，第4战对阵达拉斯独行侠队是30分、20个篮板，对阵菲尼克斯太阳队则是34分、18个篮板，一个接着一个地成了"大鲨鱼"证明自己的牺牲品后，太阳队主帅丹尼·安吉无可奈何，喃喃自语："我们被沙奎尔·奥尼尔欺凌了。"

一波5连胜、一波8连胜，结果是前20场比赛湖人队在"大亚里士多德"的带领下打出了15胜5负的战绩，他的霸王步让联盟所有球队闻风丧胆。而科比·布莱恩特正是血气方刚的年纪，他怎么可能允许球队老大一个人将所有的风头占尽？

但这时候，科比·布莱恩特又在做什么呢？

冥想与送书

正当奥尼尔大杀四方的时候，科比·布莱恩特只能默默地坐在板凳席上观看老大的表演，因为前15场比赛他右手腕骨折，一直到12月1日才重新回到球场。

回归后的首场对阵金州勇士队，"黑曼巴"就展现出嗜血的毒蛇本性，尽管替补出战（注：因为伤病需要过渡而无其他原因），他依然拿下19分。第2场比赛碰到的是湖人队的老对手——波特兰开拓者队。此时的波特兰开拓者队已经不是彼时的波特兰开拓者队，斯科蒂·皮蓬加盟后，他们仅在锋线，除"蝙蝠侠"外还有阿维达斯·萨博尼斯、拉希德·华莱士、杰梅因·奥尼尔、布莱恩·格兰特、德里夫·施莱姆夫等全明星球员，号称"铁血锋线"，而在后场，达蒙·斯塔德迈尔和史蒂夫·史密斯这对搭档也是全明星级的，日后名噪一时的邦奇·威尔斯只能打替补。他们一度被视为最热门的夺冠候选，此战之前他们也是状态奇热，14胜4负，与13胜3负的湖人队相当。此战，双方杀得那是一个难分难解、天昏地暗，关键时刻，依然是替补的科比先防住"小飞鼠"，令其上篮无功而返，随后，又在一次防守中盖掉斯科蒂·皮蓬的投篮——那时候，科比的防守是如此卖力，恐怕是现在的很多球迷所不知道的。

在"OK组合"同时发力的情况下，湖人队的前20场是15胜5负，奥尼尔拿下第1个月的最佳球员称号，之后，这支球队越发不可阻挡，连胜16场。这样，湖人队的前36场也只输掉5场，那时候，很多球队的感觉就是输给湖人队不算输。

当然，这只是"OK组合"与"禅师"配合的第1个赛季，波折总是不可避免的。16连胜的狂潮过后，随后的9场比赛他们只赢得其中的3场，而赢湖人队的对手中，不乏波特兰开拓者队、犹他爵士队、圣安东尼奥马刺队这样的季后赛假想敌。

这时候，外部的一种声音认为湖人队是盛世危机，他们碰到强队就输，而赢下的多是弱队——毕竟，开赛以来许多人依然不相信"禅师"会在这里取得成功，依然认为他在芝加哥的成功是由迈克尔·乔丹、斯科蒂·皮蓬、丹尼斯·罗德曼以及托尼·库科奇、史蒂夫·科尔等将士所取得的，三角进攻是否适合"大鲨鱼"都还不见得呢。

一个客观环境则是，之前的两个赛季他们都是被横扫出局，苦涩记忆仍在。果不其然，球队内部不免再次产生了不和谐的声音，而且，球队老大"大鲨鱼"说："只要有科比在，我们就别想拿总冠军。"

矛头，再次对准了科比。

诚然，19 中 7、18 中 6、24 中 9、22 中 6，科比的浪投对失利负有不可推卸的责任；但至于奥尼尔，他似乎也已经忘记之前的比赛中科比曾经力挽狂澜。包括罗伯特·霍里、史蒂夫·科尔在内的关键先生们，其实命中率都不高，都是通过浪投来磨砺心理素质的。

菲尔·杰克逊当然明白，这时候"大亚里士多德"才是洛杉矶的当家核心，而且，在 1999 年的夏天，"禅师"还没有加盟的时候奥尼尔就去拜访了即将到来的新主帅。

"禅师"想要将湖人队变成奥尼尔的球队，这种想法可谓昭然若揭——在当时，科比也想争当老大，但无论是名气还是实力他都还差奥尼尔一大截。"菲尔想让湖人队成为沙克的球队，"助理教练弗兰克·汉伯伦当时便说，"为什么不呢？相比之下，沙克早就准备好了在三角进攻中大展拳脚。"对于科比来说，此时依然信奉单打独斗的他对纷繁复杂的战术可没有那么多的关注。

汉伯伦是"禅师"从芝加哥搬到洛杉矶的"四套班子"的重要成员，他的表态在某种意义上代表了主教练的声音。

菲尔·杰克逊心里明白，"OK 组合"能否取得成功的关键就是看二人之间的关系，或者从某种角度来说就是科比能否心甘情愿地去辅佐奥尼尔，不要总是游离在自己的世界里而不能自拔。

最初，"禅师"的调整并没有取得成功，湖人队的球员们并不适应主教练的方式——冥想。他们更难理解的是，"禅师"每天在搞些什么鬼。

"菲尔让我们靠在椅子上，然后尽量放松，然后他会和我们谈论球队所发生的事情。'现在，我们有一些消极的时候，所以让我们抛开这些。'"很多年后奥尼尔回忆往事时说，"很多的时候，你会听到有人竟然在打鼾，那通常是一些睡得很晚的家伙。有些时候，就连我也会睡着，因为我实在是太累了。其他的时候，我会努力试着听听他说的话，也有的时候，我会冥想，然后深呼吸，我觉得那真的帮助了我。其他的时候，这确实是一个打盹的好机会。"

冥想从 3 分钟到 5 分钟，然后是 10 分钟，慢慢地就成了"呼噜四重奏"。"要让我的新队员们集中精力，听取我所说的话，这实在是不可能。""禅师"似乎慢慢地放弃了讲道理这条路。

冥想不成，"禅师"还有一个办法，就是送书。"禅师"可能是最能给球员送书的主教练。对这个办法，日后加盟湖人队辅佐科比·布莱恩特的保罗·加索尔倒是挺感兴趣，"禅师"曾送给他一本长篇小说《2066》，这本书多达 1128 页，但愣是让保罗·加索尔利用坐飞机的时间一点点地啃完了。

每个赛季给球员们送书，这似乎已经成了"禅师"的传统。在他来到湖人队的第 1 年，他送给杰里·韦斯特一本《阁楼上的联邦军》，不过这书讲的是内战，并不合"湖人队教父"的胃口。而送给科比的则是《白人男孩慢舞》，这本书讲述的是一个在白人社区长大的黑人小孩的故事。

在和"禅师"相处的这么多年中，科比一共收到了 12 本书，但科比表示，自己从来没有阅读过其中的一本。科比让湖人队的教练组头疼不已，但慢慢地，他们也明白了，对待"黑曼巴"他们需要一些新方法。

"有些球员一晚 26 投 9 中，你会说：'今晚你打得真的是很糟糕。'但是对于科比，你就要说：'好，你的得分已经上双了，我们能给你创造更好的 17 次出手的机会。'不能说'你投丢了 17 个球之类的'。"同样是从芝加哥来的教练组成员吉姆·克莱蒙斯曾经这样说道。

科比也喜欢恭维的话，喜欢那些能够顺从他的人。湖人队的教练组也在反思：是什么造就了这样一个科比？这时候，看台的一个身影引起他们的注意，这个人就是已经很长时间没有提及的乔·布莱恩特。

职业生涯中，乔·布莱恩特场均只能得到 8.7 分，后来在 NBA 混不下去了，他才前往意大利，但事实上，乔·布莱恩特自始至终都认为自己没有比 NBA 中的那些超级巨星差多少。

"科比在那样的一个环境中长大，他总是听到那些话，所以科比对自己发誓，自己长大后绝对不会说这些话：'我要成为最好的，不要重蹈父亲的覆辙。'科比的目标就是成为最好的球员。"

眼看科比·布莱恩特要成为一匹桀骜不驯的独狼，好在这时候，菲尔·杰克逊拉住了他。

改变自己

要么改变世界，要么改变自己，改变世界似乎有些不可能了，所以，科比慢慢地开始了改变自己的尝试。

"科比的目标是成为历史上最伟大的运动员。而且他很清楚，为了达到这一目标他需要做些什么，所以他没有理由去倾听别人的意见。如果他听从我的建议并且适当减少得分，那他就不能实现他的终极目标。我究竟应该怎么让这孩子明白这些呢？"菲尔·杰克逊自己还在冥想，希望那些禅道能给出答案。

思来想去，之后，"禅师"决定让科比见见迈克尔·乔丹。"科比一直希望自己能够超越迈克尔，他对于迈克尔的迷恋程度显而易见，于是我们安排二人见面，当时我希望迈克尔能够帮助科比改变一下在场上过度自私的态度，但是当他们握完手之后，科比口中说出来的话竟然是：'**你知道吗？我可以在一对一的单挑中将你打爆。**'"与自己心目中的"神"见面的唯一结果，是给大家留下了又一则传神的段子。

软的不行，就来硬的。

一次，球队会议，杰克逊曾经威胁科比，如果不愿意和队友分享球权，那么他可能会被球队交易。

当科比表示自己想要成为场上队长的时候，菲尔·杰克逊则态度强硬地表示："如果没有人愿意追随你，你就不可能成为队长。"

最终，"禅师"的这些狠话还是起到了效果。

湖人队处于内讧的时候，全明星周末适时到来，这给了科比·布莱恩特和他的队友们一些缓和的机会——1999–2000 赛季，NBA 联盟重新举办因停摆而中断的全明星周末，有了扣篮赛，而作为 1996–1997 赛季全明星周末扣篮赛的冠军，科比收到了邀请函。

这时候，"禅师"却站了出来，暗示科比不要去参加这个比赛。一向爱出风头的科比，这时候却出人意料地听从了"禅师"的建议，从某种程度上说，科比的这一决定挽回了队友们的心。

当然，"禅师"的适时暗示也的确是一个正确的选择，要知道那届的扣篮赛冠军是在当时"老子第一，没人敢说第二"的文斯·卡特。虽然科比的身体素质足够出众，但想要打败"加拿大飞人"还是有着相当难度的，甚至以"事后诸葛"的话来表达：几乎不可能——一旦科比输了，谁能保证他不会整出什么幺蛾子呢？

更让湖人队的队友们惊讶的事情还在后面。全明星周末期间，湖人队的8号球员竟然利用这次的机会主动向加里·佩顿请教如何防守挡拆。这位人称"手套"、前最佳防守球员也欣然答应了科比的请求。

果然，科比证明了自己的超强学习能力，之后不久，在2月20日对阵费城76人队的比赛中科比主动请缨，去防守1998-1999赛季的联盟得分王——阿伦·艾弗森。那场比赛，"答案"下半场一分未得，全场25投7中，只得到16分。湖人队以87：84取胜，"大鲨鱼"尽管只有22中9的"低命中率"，但送出22分、16个篮板、9次助攻的准"三双"，还有4个盖帽。

1999-2000赛季，科比·布莱恩特场均22.5分、6.3个篮板、4.9次助攻，赛季结束的时候他还入选了最佳防守阵容第一队，成了NBA历史上入选该阵容的最年轻球员。

对于科比的改变，老将罗恩·哈珀看在眼里，喜在心里。

"当我刚到湖人队的时候科比恐怕没有一个朋友。所有的队友都尊重他，因为他确实非常努力，但他并不是最具亲和力的球员，沙克或许不在乎他，但对于科比的敬业他还是满怀尊重。我的意思是，这家伙在每场比赛结束后都会拿出一张比赛的录像带，然后看回放，他会去观察对手的弱点。"

"一天，科比和我聊天，我告诉他，伙计，你不能这样对队友说话，你和这些家伙要在一起打6—8个月的球，你不能总是冷冰冰的。你要和他们一起去战斗，一起去浴血奋战，我们可是一个整体。"

作为"禅师"的嫡系，菲尔选择让哈珀去和科比沟通，是因为他希望能够打开这位年轻人的心扉。"最终,他开始和队友打成一片了。他不是坏人。只不过那时候他还年轻,还是个孩子,还没有真正的朋友。"

经过"禅师"的引导,科比终于明白:

比赛,不是一个人的比赛。

"职业生涯的初期,科比经常会在比赛中冲着队友们大喊:'把球给我!'""禅师"后来回忆说,"但慢慢地科比也开始逐渐试着去接受队友。在客场打比赛的时候,他甚至还邀请大家一起出去吃饭。"

"黑曼巴"确实是在做出改变。

整支湖人队开始呈现出一副欣欣向荣的景象:比赛中,沙奎尔·奥尼尔曾经抱怨自己在第 4 节拿不到球,而教练组却告诉他,前三节,球队会以他为进攻箭头,但是到了第 4 节除非奥尼尔可以用实际行动将球罚进,否则他们就会选择其他人。这个其他人,一般情况下就是科比。

"禅师"也和公牛队时期的他有了很大不同,至少在场上叫喊的次数比在芝加哥的时候多太多了。

都说"一山不容二虎",但在 1999-2000 赛季"禅师"让两只"虎"很好地和平共处。

之后不久,他们打出了更加匪夷所思的 19 连胜,其中就包括沙奎尔·奥尼尔的"生日战"。那场比赛的时间是 2000 年 3 月 6 日,对手是洛杉矶快船队,所以也称"洛杉矶德比",奥尼尔砍下惊人的 61 分、23 个篮板,赛后,人们惊讶地发现,奥尼尔大发神威的原因竟然是赛前他向快船队索要球票遭到拒绝。

而在 6 天后,3 月 12 日,对阵已经渐成气候、以普林斯顿体系闻名联盟的萨克拉门托国王队,**奥尼尔又砍下 39 分、20 个篮板,而科比也送出 40 分、10 个篮板、8 次助攻的全面数据。其他的队友将空位的球投进去,他们便完成了末节一度落后 13 分的翻盘战,**

最终以 109∶106 取胜。

湖人队的好戏还没有结束，19 连胜结束后，他们输了一场，之后他们又打出 11 连胜，湖人队也因此成了 NBA 历史上第一支单赛季三次打出连胜场次"10+"的球队。这时候，前面已有提及的"NBA 艳星"里克·福克斯甚至坐在板凳上得意忘形地说："赢球如同家常便饭。"

不过，正当湖人队高歌猛进的时候，危机却在悄然间出现。或许是由于松懈的原因，在常规赛最后两场，湖人队先是败给了老尼尔森执教的达拉斯独行侠队，随后又输给缺少蒂姆·邓肯的圣安东尼奥马刺队。

整个 NBA 联盟的其他 28 支球队都为此欣喜，因为他们发现：湖人队也有弱点，也是可以战胜的。

老尼尔森整垮湖人队的方法很简单——"砍鲨"。具体做法是：他经常故意让自己的球员，尤其是并不影响战局的蓝领球员将"大鲨鱼"送上罚球线，而"大鲨鱼"的罚球也很给老尼尔森面子，19 中 8，利用这些机会，独行侠队频频制造反击。而科比也不争气，投篮命中率只有 20 中 7，结果，奥尼尔空砍 38 分、20 个篮板，湖人队以 102∶112 输得毫无悬念。

老尼尔森的这个战术被套以专用名词——砍鲨战术，至今还在 NBA 的赛场上广为流传、频繁使用，甚至成为灾祸而引发规则的修改以及还在持续不断地讨论。如此看来，老尼尔森的确是真正的"鬼才教练"。

虽然没有完美收官，但 1999-2000 赛季的洛杉矶湖人队表现已经足够令人满意，常规赛结束，他们的战绩为 67 胜 15 负，不仅是联盟第一，而且也是当时的湖人队队史第二。不过，常规赛和季后赛毕竟是两种完全不同的竞争，那么这次科比·布莱恩特和他为之效力的洛杉矶湖人队能摆脱之前的宿命吗？

艰难曲折

老尼尔森被称为是篮球界的"疯狂科学家",他发明了太多太多的战术,比如"砍鲨战术",比如一大带四小,比如让德克·诺维茨基打组织后卫。常规赛季的收官战,他用"砍鲨战术"击败湖人队的案例被 NBA 的其他教练奉为经典;而首轮系列赛,萨克拉门托国王队又着实让湖人队吓出了一身冷汗。不,更确切地说,是老尼尔森让湖人队吓出了一身冷汗。

一个 67 胜,一个 44 胜,本应该是一个实力悬殊的系列赛。不出意外,沙奎尔·奥尼尔继续大发神威,湖人队顺利拿下前两场,其中奥尼尔首战就给了国王队一个下马威,独砍 46 分、17 个篮板、1 次助攻、2 次抢断、5 个盖帽。次战奥尼尔得 23 分、19 个篮板、6 次助攻、1 次抢断、3 个盖帽,但科比适时地送上 32 分。

0∶2,大比分落后,萨克拉门托国王队却并没有被吓倒,反正他们是西部第 8,碰上的又是这样一个强悍的对手,正所谓"光脚的不怕穿鞋的",背水一战的国王队在克里斯·韦伯的带领下连赢两场,这两场比赛中奥尼尔一共获得了 44 次罚球机会,但他只罚进了 18 球。

很多不会罚球的超级中锋都应该恨透了老尼尔森。当时,气急败坏的"大亚里士多德"甚至指责老尼尔森:"手段太过卑鄙。他就是个小丑。"

而当时的国王队主帅里克·阿德尔曼温文尔雅,不善于使小动作以及心理战这些下三路的东西,但此时,为了赢球而将"砍鲨战术"用得心安理得、得心应手,反正是老尼尔森发明的,不用白不用。

不过,"禅师"就是"禅师",他并没有被国王队的这种气势给吓倒,当总比分扳成 2∶2 后,有记者问他:国王队的球迷是否是他见到过最疯狂的?"禅师"却回应称:"从某种角度来讲萨克拉门托只是一座半开化的养牛镇,那些人也只不过是一群乡下人。"

毕竟，萨克拉门托国王队的实力还是远逊于洛杉矶湖人队的，所以杰克逊有这样的自信。结果，重新回到斯台普斯中心，奥尼尔重新生龙活虎起来，拿下 32 分、18 个篮板、4 次助攻、3 个盖帽，湖人队以113∶86 大胜对手，并以总比分 3∶2 过关。

下一个，菲尼克斯太阳队。这时候，铁帅丹尼·安吉挂印而去，接替他的斯科特·斯基尔斯同样是铁帅，队中尚有安芬尼·哈达维、贾森·基德、肖恩·马里昂、克利弗德·罗宾逊这四员偏外线的大将，全联盟最梦幻的后场组合，结果，湖人队以 4∶1 轻松取胜。那是一个表演属于后卫、胜利属于中锋的中锋时代。

值得一提的是，在系列赛的第 2 场比赛中，终场前的 2.5 秒科比用一记美如画的跳投终结了比赛，而那也是科比职业生涯中的第 1 个季后赛绝杀球。

就这样，湖人队闯进西部决赛，整支球队都已经处于最好状态，他们要面对的对手是波特兰开拓者队。看到了国王队在季后赛首轮的出色表现，开拓者队主帅迈克·邓利维也想试试运气，所以在首场比赛中他们也使出"砍鲨战术"，奥尼尔仅仅在第 4 节就得到 25 次罚球的机会。虽然最终奥尼尔只命中 13 球，但全场砍下 41 分、11 个篮板、7 次助攻、5 个盖帽，又以一己之力拿下比赛。不过，下一场，开拓者队发起了疯狂反扑，大比分变成 1∶1。

第 3 场，似乎已经沉寂许久的科比终于迎来了他的表演时刻，在比赛的最后阶段他先是完成抢断，随后的一个回合中又在错位防守中盖掉萨博尼斯的投篮，最终，湖人队以 2 分优势险胜对手。之后，湖人队将大比分拉开至 3∶1。但第 5 场，科比 13 次出手 9 次偏出，格伦·莱斯更是 8 投只有 1 中，顽强的波特兰人连赢两场，3∶3，抢七，比赛重新有了悬念，双方都背上了沉重的心理包袱。这里插进一个故事，便是最惯于使用心理战伎俩的"禅师"竟然连自己昔日的弟子也不放过，在开拓者队连胜过后公开指责皮蓬带领队友们在更衣室的庆祝太过分，像是"灰背狼"。以"禅师"的巨大威望，皮蓬不敢回应。

生死战在斯台普斯中心打响，3：1 领先最后被逆转？如是，简直是湖人队队史上的笑话、"大鲨鱼"的耻辱。同样，每名湖人队球员都背上沉重的心理压力。三节过后，湖人队一度落后对手 16 分。

"如果一切都陷入混乱，那你就躲进你脑海的避难所吧。"这是"禅师"和"大鲨鱼"这对师徒间的一个秘密，每当场面失控的时候，"禅师"就会让"大鲨鱼"通过幻想去制造那种最让自己快乐、安静的场景。

回过头说这决定生死的第 7 场，最后时刻，威风了一个赛季的"紫金军团"依然是大比分落后，斯台普斯中心已经弥漫着绝望的气氛。"不，把球给我！"睁开眼睛，"大鲨鱼"，不，"大亚里士多德"头也不回地重新登场。

随后，一场史诗级别的大逆转就此上演了！

第 4 节，湖人队一度连续 10 次进攻全部命中，强硬的防守让开拓者队一次次无功而返，抢七战，湖人队竟然打出一波 25：4 的攻击波，而斯科蒂·皮蓬全场仅有 13 投 3 中。最后关头的一幕尤为引人关注：

科比带球突破，突然选择将球抛向天空，而奥尼尔高高跃起，将球扣进篮筐。

赛后，奥尼尔第一次公开表达了他对科比的赞赏："科比·布莱恩特是一个伟大的运动员。"

而科比也谦虚地表示："当时抛向空中的那一球我本来以为用力过大，结果沙克还是将球扣进篮筐。"

最终，89：84，湖人队一扫阴霾反败为胜，时隔 12 个赛季重新回到了总决赛。

奥布莱恩杯、总冠军戒指，距此只有一步之遥了。

获得冠军

　　总决赛如期开打，湖人队的对手是印第安纳步行者队，主教练是拉里·伯德，"大鸟"执教的第 3 年便取得 56 胜 26 负常规赛季东部第一的成绩，一直杀进总决赛。照例我得先说说印第安纳这座城市以及步行者队这支球队，尽管时间有点超前，但他们骨子里的东西并没有变化。而且，与我有过交集的雷吉·米勒现在就等大场面了。

　　迄今为止，我前前后后 20 多次出入印第安纳波利斯机场。这个城市对我的影响深刻且长远，当初我正是因为对印第安纳步行者队的热爱而走上了采访 NBA 这条道路。那么，印第安纳波利斯到底是什么样呢？步行者队又是什么样的呢？

　　第 1 次来这儿是 2004–2005 赛季的圣诞大战，底特律活塞队对阵印第安纳步行者队。城市其实没什么好看的，简直是索然无味，市中心走一个来回也不过十几分钟。

　　城市小是其次。下飞机后打车去旅店，整个城市白雪皑皑，车辆极其稀少。问出租司机："今天是假期吗？"他说："不是啊，我们这里平时就这样……" 2006 年，NFL 的印第安纳小马队夺得超级碗，也让这座冷清的城市终于"染指"了一项职业大赛的头名，据说那次夺冠后的游行是印第安纳波利斯有史以来最热闹的大型活动。

　　活塞队和步行者队都是当时的东部联盟最强球队，但之前的"奥本山宫斗殴事件"才是这场比赛的看点：罗恩·阿泰斯特已经全年禁赛，小奥尼尔恰好在这场比赛中首次归队；"大本"也是自打出事后首次造访印第安纳。

　　进了球场我有种感觉：原来，印第安纳波利斯的所有人都在这里呢！——由此就可以知道了他们对篮球的热爱程度。

　　由于是圣诞大战，所以比赛安排在中午 12 点 30 分开始。不到 12 点，康塞科球馆就已经人满为患。每个进入球场的球迷都会得到一顶免费的步行者队圣诞帽。与传统的红色圣诞帽不同的是，步行者队的圣诞帽是金黄色的。"因为这是球队的主色调，"球队公关主席大卫·班纳开玩笑地对我说，"而且你没发现黄色的圣诞帽其实更好看吗？"

一眼望过去，球场是金黄色的海洋：球迷穿着步行者队各主将的球衣，戴着刚刚领到的圣诞帽，喝着一瓶瓶的米勒牌啤酒（注：一种美国知名的啤酒品牌），节日的欢乐气氛尽显无遗——直到底特律活塞队进场。

"Boo——Boo——"

嘘声震耳欲聋——送给每个活塞队队员，尤其是本·华莱士——如果说"奥本山宫斗殴事件"有两个元凶，那一个是向阿泰斯特扔可乐的活塞队球迷，另一个就是本·华莱士了。

由于上月在底特律有人"飞"了一把椅子，赛前康赛科球馆的工作人员把所有的椅子都用绳子系在一起。但这在随后的比赛过程中被证明是有些杞人忧天。印第安纳的球迷欢迎"大本"的方式很文明，全场比赛但凡他触球，嘘声顿时四起——但除了嘘声和偶尔的叫骂声，再无其他。

"印第安纳的球迷太文明了，全世界都等着看我们的球迷如何对待他们（活塞队），但最终什么也没发生。"当时的步行者队主教练里克·卡莱尔赛后对印城球迷大加赞赏，"他们整年都给我们力量，而且都是以积极向上的方式。"

"大本"似乎知趣，全场10投3中只得到6分，打得比其余四名主力差了几个档次。赛后他也自我解嘲："这是我职业生涯以来被嘘得最厉害的一场。但我喜欢被嘘，这说明球迷很投入。"

在众多的黄衫军中，有几个"大胆"穿着本·华莱士球衣的球迷显得格格不入。"你真是个勇敢的小姑娘，在这样的场合还敢表明自己的立场。"一个卖啤酒的老头儿冲着一个20岁左右的女孩子说。

"没事，我周围的球迷很文明，我相信我和本都很安全。"女孩一笑，继续在震耳欲聋的嘘声中喊着"本，我爱你……"

一场万众瞩目的比赛以活塞队客场取胜收场。但小奥尼尔的回归还是让到场的球迷开心不已。我当然也很开心，那是我第一次见到学生时代的偶像——雷吉·米勒，第一次跟他谈话，第一次走进步行者队的更衣室……

我第一次接触这支球队的时候主教练已经是里克·卡莱尔了，而在 1999-2000 赛季总决赛中与洛杉矶时遇的时候，主教练是拉里·伯德。"大鸟"在波士顿登顶，但他的精神实质是在印第安纳波利斯，与这座城市相匹配，他的执教向来坦荡，比他的球员生涯干净得多。所以，令人感到出乎意料的是，首场比赛步行者队竟然没有对沙奎尔·奥尼尔实行包夹，也不"砍鲨"。结果可想而知，"大鲨鱼"大发神威，全场砍下 43 分、19 个篮板、4 次助攻，而令人闻风丧胆的雷吉·米勒首次打总决赛反而失常，34 岁的三分球神射手 16 次出手仅仅命中 1 球，才拿下 7 分，104：87，湖人队轻松首胜。

不出意料，科比自然是这场大戏的配角，13 投 6 中得到 14 分，此外还贡献了 3 个篮板、5 次助攻、1 次抢断、2 个盖帽，大分差取胜令他也没什么特别的表现机会。但客观而言，他的首次总决赛之旅也算是合格了。

次战湖人队胜，但科比·布莱恩特一次跳投出手的时候，对方的小前锋贾伦·罗斯伸出了脚，导致他因为脚扭伤只打了 9 分钟就离场了，2 分、1 个篮板、4 次助攻，不仅本场到此为止，而且缺席了三场。这仇不可不报，多年后面对贾伦·罗斯所在的多伦多猛龙队，他狂砍惊天地、泣鬼神的单场 81 分。又是多年后接受客串的"大鲨鱼"采访，问他大杀四方是不是就因为贾伦·罗斯的缘故，"黑曼巴"选择默认。

单说这场球，好在这时候罗恩·哈珀挺身而出拿下 21 分。尽管"大鲨鱼"在第 4 节遭遇到"砍鲨战术"，但结果是令人不解的全场 16 罚 9 中，最后，比分也定格在 111：104。这家伙又砍下 40 分、24 个篮板、4 次助攻。

什么，不可能吧，总决赛打出背靠背"40+20"？是的，那

时候的"大鲨鱼"确实如此。

也难怪那时候的科比难有表现机会了。

但并不是说科比·布莱恩特可有可无。而且,这个命题马上就可以得到论证:第 3 场,科比继续养伤,结果是步行者队在自己的主场抓住机会,扳回 1 分,尽管"大鲨鱼"又是 33 分、13 个篮板,可没有科比防守的米勒也攻下了 33 分。

第 4 场,科比带伤归来,进一步证明了他并非可有可无。双方苦战进入了加时赛,全场砍下 36 分、21 个篮板的"大鲨鱼"因为 6 次犯规而被罚离场,这时候,小弟给大哥打了一个手势,大概意思就是:"看我的。"

菲尔·杰克逊心领神会: 这时候,没必要再打什么三角进攻了。然后,他果断叫了暂停,要求队员们将球交到 8 号球员手中,自己的任务则是尽可能拉开空间。

科比·布莱恩特终于等到了这天。

这天,这一时刻,喧闹的赛场仿佛静止了,科比启动王者模式,短短的两分钟就 3 次命中关键投篮,120∶118,洛杉矶湖人队获胜;3∶1,洛杉矶湖人队获得赛点。时至今日,当沙奎尔·奥尼尔谈起对科比·布莱恩特最美好的记忆,他总是会回想到这场比赛。

"关于科比,那是我最喜欢的故事。那场比赛我被罚下场,当时我就想这下完蛋了,我搞砸了这一切。之前我还觉得自己打爆了里克·施密茨,结果我反而给了对手机会。当时大家都很担心,甚至包括主教练菲尔·杰克逊,这时候科比走过来对我说:'不要担心,我来搞定。'当时我很紧张,但是他却安慰了我,告诉我他可以做到。那时候我就明白了,绝对不能小瞧他,他是真的有能力。"

而对于科比·布莱恩特的关键球能力,奥尼尔也赞赏有加:"大家

都知道迈克尔·乔丹和'魔术师'的关键球能力有多么出色，我觉得科比应该和他们处于一个级别，是他拯救了我。所以当人们问我，如何比较科比和迈克尔的时候，我会说后辈应该去尊重前辈，所以我会选择迈克尔·乔丹。这就如同是把我和比尔·拉塞尔、威尔特·张伯伦进行比较的时候一样，因为如果没有他们，就不会有现在的我，但科比确实是和迈克尔一个级别的。"

奥尼尔给了科比前所未有的尊重，不过，到了第 5 场，受困于伤病的科比似乎被上一场的胜利冲得有些忘乎所以，全场 20 投 4 中，罚球次数为 0，最终湖人队以 87：120 惨败。但湖人队无所谓这场失利，在科比·布莱恩特和沙奎尔·奥尼尔看来，或许，回家夺冠的感觉更好（注：当时的总决赛赛制是 2-3-2）。

第 6 场，主场，与科比·布莱恩特对位的雷吉·米勒前 12 投便命中 7 球，"禅师"一看，迅速做出调整，让罗恩·哈珀上去对付。别看罗恩·哈珀已老，但大多数人不知道的是他身高 1.98 米、体重 84 千克，在 1994-1995 赛季加盟芝加哥公牛队前，8 个赛季打的都是得分后卫，赛季场均得分"20+"是家常便饭，新秀赛季便是场均 22.9 分，当年的 8 号新秀只是折服于"禅师"的魅力才改打组织后卫的，无论搭档迈克尔·乔丹还是搭档科比·布莱恩特，高大的后场组合总让对方麻烦。这次也不例外，哈珀兑现承诺，令米勒接下来的 7 次投篮仅 1 次命中。

科比·布莱恩特和沙奎尔·奥尼尔也兑现了自己的诺言：前者 26 分、10 个篮板、4 个盖帽，后者 41 分、12 个篮板、4 个盖帽。 最终，湖人队顺利战胜步行者队，整个斯台普斯都沸腾了起来，"OK 组合"终于拿到了各自的第 1 座总冠军奖杯。科比第一时间跳到奥尼尔的身上，给了"大鲨鱼"一个大大的拥抱，而"大鲨鱼"已经热泪盈眶。

赛后，更衣室到处都是香槟的味道。

1999-2000 赛季的总决赛，"大鲨鱼"场均砍下 38.0 分、16.7 个篮板，当选总决赛 MVP，终于摆脱了"无冕之王"的厄运与尴尬。

"一切都奇迹般地发生了，一切都是那么得心应手，那时候我

正值职业生涯的巅峰，无论是生理上还是心理上。"科比在回忆这届总决赛时宣称。

这可能不太客观。

这可能也不是科比职业生涯最好的赛季，但这可能是科比有生以来最幸福的赛季，因为除了总冠军，他还得到了自己的另一半——一个风风雨雨陪伴他将近 20 年的女人。

MAMBA FOREVER

因为爱情

没有认识科比之前，瓦妮莎只是玛丽娜高中的一位普通高中生，但在认识了科比之后，她的整个人生都变得与众不同。

1999年的瓦妮莎·莱恩还只有17岁，是一个带有拉丁血统的普通美国姑娘，信奉天主教，有绘画才华，在学校的戏剧部很活跃。那时候，由于家境贫寒，她有时候去购物中心当售货员，有时候为乐队伴舞，有时候为电视台当背景模特儿，以补贴家用；母亲失业，由于慢性背痛迟迟找不到工作；而她的继父则面临破产危机，一家人住在洛杉矶西北郊的一所四居室的简陋房子里。

1999年8月，瓦妮莎·莱恩和好友去看演唱会，散场的时候，一位手持摄像机的男子找到了她，自称星探，需要为MV找一位模特儿，想知道瓦妮莎是否有兴趣，而瓦妮莎也准备前去试试。"众里寻他千百度，蓦然回首，那人却在灯火阑珊处"，巧合的是，就在默默无闻的瓦妮莎的这段工作时间里，已经名震美国的科比·布莱恩特也在同一个地方录制自己的RAP歌曲，就这样，二人不期而遇。

那时候，21岁的"黑曼巴"其实还挺青涩，他很有礼貌地前去和三位在现场担任录影模特儿的女孩搭讪，而瓦妮莎·莱恩只是第3个和科比搭讪的，微微一笑，倾国倾城，科比就这样彻底沦陷了。用一位目击者的话来说，就是"二人都收住了脚步，一见倾心"。这些细节得到了科比的确认。

"我就是在录影棚认识瓦妮莎的。那时我也不算是什么超级大牌的篮球运动员，所以我也就是说了声'幸会、幸会'。两天的录影我一直关注着她，我想知道她在哪里，我拍完一个镜头，然后回到车里休息，但心里想着她在哪里，然后我走出车，找她聊聊。她写下了她的电话号码，那个时代的电话号码都还是用手写的，然后，我在第2天就打给了她，我们聊了好几个小时。"

于是，那几天科比也往录影棚跑得勤了，有事没事就去找瓦妮莎聊天，从诗词歌赋到人生哲学，当时的瓦妮莎清纯之中带着几分性感，一来二去，科比彻底沦陷在温柔乡里，而瓦妮莎也被这个高大男孩的气场折服。

"她真的好美。然后，我们做什么都在一起，形影不离。我想那时候我还是个呆瓜。我喜欢迪士尼乐园、迪士尼电影等，但我一直都没有机会去，她也是迪士尼粉丝。然后我们就一起去迪士尼玩，坐云霄飞车。"

"对我来说，从来没有和一个人如此亲近过，因为我习惯一个人长大。我总是在搬家，总是要重新认识一些新朋友，所以我从来都不会对谁敞开心扉，因为我知道自己迟早要搬家。但当时，我已经住在了洛杉矶，我觉得我一日紫金，必定终身湖人队，而且我邂逅了如此美丽的一个女人，她和我拥有着同样的世界观。"

由于瓦妮莎·莱恩和自己的继父住在一起，基本处于一种放养状态，所以她和科比之间的恋情发展得很快。没过多久，人们就惊奇地发现：玛丽娜高中的校门口经常停着一辆黑色的梅赛德斯豪华跑车。

很简单，这位灰姑娘上学和放学都有自己的白马王子接送了。

在 1999-2000 赛季的总决赛期间，瓦妮莎首次出现在公众面前：在湖人队主场，被全世界关注的科比·布莱恩特和她眉来眼去，顿时轰动。科比拒绝透露瓦妮莎的相关信息，但洛杉矶被称为"媒体之都"可不是浪得虚名，你必须相信那些花边新闻网站记者的职业素养与能力。

无所不能的记者们很快就挖掘出瓦妮莎的相关生活背景，他们开始长期扎根在玛丽娜高中的周围，开始对这个高中女生进行跟踪拍摄。为了能得到更详尽的信息，他们甚至还动用了直升机。这些记者们时刻等待着，等待着抓拍科比和瓦妮莎同时出现的镜头。

突然间，瓦妮莎成了玛丽娜高中的风云人物，但对于学校而言这并非好事，毕竟这是专事培养青少年的教育场所。学校周围布满媒体记者，空中还有直升机盘旋，这些自然引起校方的不满，他们开始禁止科比·布莱恩特在学校附近出现，也禁止他和瓦妮莎·莱恩出席学校的任何活动。尽管学校对此拒绝给出相关的解释，但谁都明白，这全都是因为"黑曼巴"的出现。但这时候的瓦妮莎·莱恩还没有毕业，她还得继续学习，没办法，科比不得不自己出钱聘请私人教师，让瓦妮莎在家中接受教育。

尽管媒体穷追猛打，但科比和瓦妮莎之间的关系并没有因此而中断。2000年5月，一次训练之后，科比向媒体公布，自己已经向一位年轻貌美的姑娘求婚，并且已经被接受。

用时下中国的流行语来说就是男孩"高富帅"——相比大街上的人是超级高、超级富、超级帅，女方性感美丽，看起来，这该是一对金童玉女，天造地设的好姻缘，但科比和瓦妮莎之间的爱情出现了阻力。这阻力主要是来自科比·布莱恩特的家人，而更想不到的则是，就连年轻时代离经叛道、这时候已经修禅成佛的湖人队主教练菲尔·杰克逊也不支持他。

在意大利的童年时期，科比没有朋友，和父母、家人之间的关系好得不能再好，但为了瓦妮莎，科比背上一个"娶了媳妇忘了娘"的名号。

为了迎娶瓦妮莎·莱恩，科比可谓费尽周折——在相处过程中，科比的父母对这段恋情就是百般阻挠，而2000年和瓦妮莎订婚之后，科比更是过上了众叛亲离的生活。从此，之前和"黑曼巴"生活圈子接近的人很多都弃他而去，这也让科比一度非常苦恼，但为了瓦妮莎，科比还是遵从自己的内心。其结果则是科比做出非常叛逆的行为，前面已经说过的，2001年4月18日，科比和瓦妮莎在加利福尼亚州戴纳角市举行的秘密婚礼，据称，来宾总共只有12人，而科比的亲戚竟然一个也没有出席，也没有湖人队队友和教练。

从这时候开始，科比算是正式地和父母彻底决裂——在妻子和父母之间，科比选择了前者。在此之前，科比是父母的骄傲，每当科比在主场的比赛，他的父母都会坐在斯台普斯中心的包厢里面观看儿子表演，为他助威呐喊，但自从科比和瓦妮莎结婚后，父母再

也没有出现在那个看台上，他们甚至搬回了费城居住。

有人说，之前的科比被他的母亲帕梅拉有些惯坏了，什么都顺着他来。所以看到父母不买账，科比干脆也一不做二不休，先是搬到了瓦妮莎居住的橘郡，然后又在纽波特海滩买下了一栋价值不菲的别墅，而且为了讨好丈母娘，科比还在离自己家不远的地方给瓦妮莎的母亲买了一栋别墅。要知道，多年之后，科比和自己的母亲因为钱的问题对簿公堂，前后对比，这对于科比·布莱恩特来说，无疑是一个天大的讽刺。

对于父母的不理解，科比也是一肚子苦水无处诉说，甚至在接受洛杉矶媒体采访的时候，他公开指责自己的父母"种族歧视"，在科比看来，瓦妮莎是拉美后裔，而且出身贫寒，这也让父母感到门不当户不对，在爱情力量的冲击下，科比已经顾不上那么多，他希望利用自己的影响力、利用舆论，从而得到更多支持的声音。

尽管在此之后，科比曾经试图去缓和同父母之间的关系，但钉子钉进了木板，拔出来后也会有痕迹。2014年，父母痛斥科比是一个不折不扣的骗子——当你的父母当面这样斥责你，你会是一种什么样的感受？而科比也够倔，宣称和父母已经没有了关系。

"你的父母会出席你的生涯告别战吗？"退役前，曾有人这样问过科比。而科比无奈地说道："我不确定。很可能不会来。和家人之间的关系非常重要，但你不能强迫什么，我们之间的关系会好起来的，但不幸的是，不是现在。"

如果抛开大家庭的环境，科比和瓦妮莎的爱情还是很美好的，当时的科比已经成名，而瓦妮莎还只是一个灰姑娘，但这对情侣在结婚前并没有签署任何的财产协议。在美国，这简直是不可思议的事情。"有一天她回到家，告诉我们科比不想签那样的文件，因为科比太爱她了。"瓦妮莎说。

终于同心爱的人在一起，事业也在朝着完美的方向发展，至少现在看起来，科比算是一个人生的大赢家。

科比享受着美满的婚姻生活，直到现在，谈起这段日子，科比的脸上仍然浮现着笑容。

"当时我们都还很年轻，我上午出去锻炼，回家的时候她还在睡觉，就像是一个 18 岁的孩子。她会睡到中午 12 点到下午 1 点的样子。然后我会躺在她身边，陪她一起睡，然后我们起床，干年轻人干的事情。我会带着她去棒球练习场，我们还会一起去玩迷你高尔夫球，会去看电影，会去外面一起吃饭。那是一段美妙的时光。"

MAMBA
FOREVER

第三章

卫冕
总冠军

2000 - 2001

就科比的成长进程而言，卫冕赛季他开始有能力在关键场次的关键时刻接管比赛了。难能可贵的是，夺得总冠军后的"大鲨鱼"也兑现承诺，全力支持他在篮球场上的作为。

教父离队

　　一直以来杰里·韦斯特都忌惮菲尔·杰克逊，当然不仅仅是对着自己鼻子的那一拳，以"事后诸葛"的角度看，这是有道理的。1999-2000赛季，"紫金军团"时隔11个赛季终于再次捧起总冠军奖杯，菲尔·杰克逊厥功至伟，而将他弄来的那个传奇——杰里·韦斯特，一手搭建了"OK组合"的建队功勋却要离去了。

　　表面上看，是他湖人队的篮球运营部执行副总裁这个位置的5年合同到期，而深层次的内容却是，这些年来杰里·韦斯特和杰里·巴斯之间的分歧越来越大，而"禅师"到来后也开始有意无意地排挤他，直到夺冠赛季结束，杰里·韦斯特选择了"功成身退"，从此，再没有回到"紫金军团"担任任何的职务。但他的传奇还在继续，在孟菲斯，在奥克兰，甚至都还在有意无意地帮助着与他之间有着千丝万缕联系的"紫金军团"。

　　尽管从1999-2000赛季开始，很多球员就已经发现：杰里·韦斯特来到现场的次数越来越少。但他突然要走，他们还是有些惊讶，大家都不相信韦斯特会离开他如此喜爱、奉献一生的洛杉矶湖人队。

　　说起来，季后赛期间的"更衣室事件"应该算是杰里·韦斯特离开的导火索。在对阵波特兰开拓者队的西部决赛期间，菲尔·杰克逊正在进行着总结，这时候杰里·韦斯特走进来，似乎有话要说。但是，意想不到的一幕发生了，"禅师"突然间勃然大怒:"杰里，你给我滚出去。我还没有说完呢。"无论是球员还是主教练抑或是管理层成员，作为湖人队队史的功勋人物韦斯特似乎从来都没有受到过这样的奇耻大辱，虽然"禅师"事后也表示，他当时口中的"杰里"，是"杰里·巴斯"，而不是"杰里·韦斯特"，大家都知道"禅师"在芝加哥公牛队向来与老板、总经理对着干，但如此痛骂湖人队老板，这事谁会信？

　　日后谈及此事，"LOGO"回忆说，当时发生在湖人队更衣室的事件就是菲尔·杰克逊有意而为之，这样他才能在这支球队树立威信，连篮球运营部执行副总裁在他眼中都不过如此，科比·布莱恩特、沙奎尔·奥尼尔，你们还有谁不服的？在正式的辞职前，杰里·韦斯特也曾经告知"大鲨鱼"，后者当然不希望他离开，毕竟是他将自己带到"天使城"，为他带来菲尔·杰克逊以及科比·布莱恩特，为他带来职业生涯的巅峰。

"孩子，我真的要走了，这支球队已经没有我存在的空间了。"电话中，"湖人队教父"这样说道。而在随后举行的新闻发布会上，甚至杰里·韦斯特本人都没有出席，他只是向媒体提供了一份简短声明，或许，他是不愿意让整个洛杉矶都看到他那副不舍的样子。韦斯特感谢了很多人，但唯独没有感谢菲尔·杰克逊。

接替他的，是米奇·库普切克。事实上，从 1994-1995 赛季开始，米奇·库普切克就是湖人队的总经理，但之前他更是杰里·韦斯特的助理，直到此时，他才真正拥有买卖球员的实权，一直干到今天。但在外界眼中，他更多的是听从湖人队老板的建议，甚至是直接执行湖人队老板的想法，包括杰里·巴斯和吉姆·巴斯。

王者之师，一旦铸造成型根本就停不下来，并不会以铸造者的离去为转移。现在，湖人队需要等待的只是一座座冠军奖杯的到来。

"我记得拿到总冠军之后，我就想：'那么，接下来该干些什么呢？接下来会怎么样呢？'"

第 1 座总冠军奖杯并没有让科比·布莱恩特放慢脚步。

但无论是对于哪支球队、哪位巨星，相比于首冠，卫冕的难度似乎要更大，而王朝的标志——三连冠，则是自己与自己的较量、意志力的较量。

一方面，夺冠后，球队的人员构成、化学反应难免会发生变化，更有部分球员自信心爆棚，部分球员以为达到人生的目标不需要再进取，状态一落千丈是家常便饭。另一方面，夺冠后的赛季，几乎全联盟的所有球队都会将洛杉矶湖人队当成假想敌。"现在我们已经有了 1 座总冠军奖杯，接下来我们还会有的，你们等着瞧吧。"说这话的不是别人，正是湖人队当家球星——"大亚里士多德"。为了督促自己的球队，沙奎尔·奥尼尔也对队友们提出了新目标："我们必须完成卫冕，其余的任何结果都是无法接受的。"

"禅师"听到这话很是欣慰，他本以为需要他去督促球队，给球队开动员大会，但奥尼尔不愧是这支球队的带头大哥，主动做了应该是主教练做的事情。"这是一个再好不过的开始，"菲尔·杰克逊说道。他脸上的光辉，如"肯德基爷爷"一样灿烂。真的，你难道没发现，他确实有些像"肯德基爷爷"？是我开玩笑啊。

但是，真正等到球队重新集结的那天，沙奎尔·奥尼尔却送给"禅师"一个非常大的"惊喜"，不，对于"禅师"来说更像是"惊吓"：经过了一个夏天的吃喝玩乐，"大鲨鱼"身形更加走样，别说打 48 分钟的比赛，就算是做几次折返跑都会气喘吁吁了。

奥尼尔都这个样子，其他球员也没有好到哪里去。整个湖人队，俨然成了减肥俱乐部。好在放眼望去，"禅师"发现还有两名球员的身材保持完美：一个是防守悍将里克·福克斯，另一个就是科比·布莱恩特。

卫冕之路刚开始，似乎湖人队已经遇到了不小的挑战。但对于身材保持完美的两位球员而言，这是机会，1999-2000 赛季只首发 1 场的里克·福克斯直接升任首发，并从此坐稳，一直到 4 个赛季后从洛杉矶湖人队退役；科比·布莱恩特……

两大派系

毕竟是王朝的奠基人，"教父"的离开还是给湖人队带来了不小的影响，刚刚接任的米奇·库普切克曾经是杰里·韦斯特的实习生，在管理层威信不足，经验欠缺，球队的各种运作生杀大权都集中在菲尔·杰克逊手中。

而在"禅师"这边，没有了韦斯特，他终于放开了手脚，看着自己的球员们一个个大腹便便，"禅师"决定通过交易来对球队阵容做出改变。但在此之前，"禅师"在联盟中的名声实在是不太好，再加上这时候的湖人队太过强大，本着一股股仇富心态，几乎没有球队愿意将他们的球员送往洛杉矶。除了在夏天的选秀大会用自己的 29 顺位挑中马克·马德森，人称"疯狗"，位置是大前锋 / 中锋；只是以自由球员的身份签得乌克兰人斯坦尼斯拉夫·梅德维登科，也是大前锋 / 中锋。这个位置，湖人队实在是弱爆了，1999–2000 赛季甚至让 36 岁的 A.C. 格林打满 82 场，场场首发，2000–2001 赛季他去了热火队，然后退役了。

伊赛亚·莱德尔是联盟有名的刺头，没人敢要他，29 岁，拿来当作科比的替补正好。2000–2001 赛季结束他去了丹佛掘金队，一个赛季后退役。

如此列举，足见湖人队要引进人才是多么的难。不过，在米奇·库普切克费心竭力的努力下，湖人队终于完成了一笔交易：为了补强内线，2000 年 9 月 20 日，一笔四方交易中湖人队送出了格伦·莱斯、特拉维斯·赖特以及 1 个 2001 年的首轮选秀权，从西雅图超音速队得到艾马努奥尔·戴维斯、格雷格·福斯特、查克·佩森以及"禅师"在芝加哥的老部下霍勒斯·格兰特。最后这名球员才是重点，人称"眼镜蛇"的他新赛季 77 场全部首发，其他几位，双能卫戴维斯被裁，三分球投手佩森就此告别 NBA 赛场，中锋福斯特留用。再说一遍，这支湖人队缺的就是大块头，奥尼尔是强悍，但一人守中锋和大前锋两个位置是很难的，再说万一他6犯离场呢？

阵容算是齐整了，但无论湖人队如何东拼西凑，改变不了的事实是——和1999-2000赛季的那支取得67胜15负的冠军球队相比，新阵容的实力下滑不少。

更严重的问题则是，当杰里·韦斯特在湖人队主政的时候，"黑曼巴"和"大鲨鱼"还会看在他的面子上有所收敛，但当他离开球队后，湖人队的球员彻底划分成两个派系。其中，主教练、多数教练组成员以及多数的湖人队球员都拥戴沙奎尔·奥尼尔，毕竟战场上他才是湖人队攻城拔寨的大杀器。而杰里·巴斯、助理教练特克斯·温特则在背后支持科比，尽管是少数派，但有老板的力挺，科比也多了几分信心。

两大阵营之间可谓泾渭分明、剑拔弩张，似乎随时要打仗一样。奥尼尔继续吐槽科比太自私，只顾自己，而科比则不满奥尼尔不训练，身材发福，一点儿都没有老大的样子。而且之前也谈到了，因为和瓦妮莎恋情的原因，这时候的科比正处于一个众叛亲离的阶段，在科比看来，似乎全世界都要和他为敌，面对奥尼尔的挑衅，科比用他的孤傲和倔强迎难而上。

尽管队内矛盾重重，但比赛总归是要打的，果不其然，整个休赛期都贪图享乐的沙奎尔·奥尼尔赛季初状态明显下滑，前11场他有4场得分都不足15分，甚至还在球场上闹出了8罚1中的笑话。

对于这些事情，科比也看在了眼里，而这也加剧了他对奥尼尔的不屑。科比不明白，为何奥尼尔嘴上说得很漂亮，但似乎永远只是说说而已，这样一个好吃懒做的人，怎能配得上"湖人队老大"的名号？科比对奥尼尔无比失望，于是他选择启动单打模式，想要让奥尼尔明白：**谁才是真正的湖人队老大，真正的湖人队老大究竟应该是什么样子？**

科比是一个说到做到的人，而整个职业生涯也证明，当他的心中充满怒火的时候也是他最难阻挡的时候。**在11月上旬的比赛中，科**

比连续 5 场都砍下 30+；12 月 1 日对阵圣安东尼奥马刺队，科比砍下 43 分；12 月 6 日对阵金州勇士队，科比更是砍下 51 分，也是他职业生涯中第一次砍下 50+；之后不久，12 月 21 日，科比又在对阵休斯敦火箭队的比赛中拿下 45 分。 一连串的高得分让科比震惊了全世界，"禅师"也不失时机地见风使舵，称"黑曼巴"的表现让他想起了篮球场上的"神"——迈克尔·乔丹。

但问题是，当科比·布莱恩特砍下高分的时候，湖人队的战绩却没有那么理想。这是科比职业生涯第一次遇到这样的状况，当然，肯定不是最后一次：2000-2001 赛季的前 30 场比赛中，湖人队输掉其中的 10 场，这对于湖人队来说有些难以接受，毕竟，1999-2000 赛季他们一共也就输掉 15 场。

接二连三的失利过后，是湖人队球员的漫天牢骚，科比不传球、科比打球态度有问题，整支球队似乎怨声载道。到了圣诞节前，科比的前 30 场比赛场均出手 23.1 次，其中，有 4 场比赛更是达到 30+，而作为湖人队老大的奥尼尔场均出手只有 19.3 次。显然，这并不是"禅师"想要的那支湖人队——从加盟这支球队的第 1 天起，"禅师"就是以沙奎尔·奥尼尔为核心来展开战术，现在，球队似乎有些本末倒置，他自然要停下来，重新审视。这时候，科比就不爽了，2000-2001 赛季他的状态明显要好于奥尼尔，作为球队的头号得分手，科比不明白：为何他要将出手机会让给那个只会说大话、行为懒散的胖子？

"禅师"希望改变这样的情况，所以他再次使出了自己的绝技——"移花接木"，前面说过，他向来喜欢用媒体的声音去改变球队内部关系。为了和科比划清界限，表达坚决站在奥尼尔阵容的态度，他先是将科比安排在板凳席的第 2 排，那里更接近力挺科比的温特。

而在接受芝加哥媒体采访的时候，当有记者问"禅师"科比是否是下一个迈克尔·乔丹的时候，"禅师"随口就说："我听说科比在高中比赛时喜欢在前三节故意放水，然后等着第 4 节力挽狂澜，大出风头。他本质上就是一个破坏比赛的糟糕球员。"

在科比和奥尼尔之间，"禅师"使用着一套双重标准，搞得科比的经纪人、高中教练差点儿就要和"禅师"对簿公堂。最终，"禅师"在全队面前向科比·布莱恩特道歉，这轮斗争似乎是科比赢了。但是，经历这轮波折，科比和"禅师"之间的关系算是彻底破裂，自此以后，"黑曼巴"更是谁的意见也不听了，无论沙奎尔·奥尼尔、菲尔·杰克逊、众多媒体怎样说他，科比坚定了一条，就是：

坚持做科比·布莱恩特自己。

MAMBA FOREVER

无人能解

2001年1月15日，科比在对阵温哥华灰熊队的比赛中拿下自己职业生涯的第1个三双：26分、11个篮板、11次助攻。随后不久，在对阵克利夫兰骑士队和夏洛特黄蜂队的比赛中再次大开杀戒，分别拿下47分和44分。"他虽然只有22岁，但已经迈入巨星行列。"里克·福克斯这样说道。

当然，和之前相比，湖人队的战绩起色不大，1月份的比赛结束，连胜纪录是5场，好在也没有出现过三连败，但26胜14负对于湖人队而言确实不好看，况且，"OK组合"不和的消息漫天飞舞。**这时候，"禅师"又开始动起花花肠子，在他的指示下《芝加哥论坛报》记者萨姆·史密斯开始不断鼓吹，湖人队应该交易掉科比·布莱恩特，但他的伎俩并没有逃过杰里·巴斯的火眼金睛。**

执掌湖人队这么多年，对于球星不和的事情，老巴斯已经是司空见惯了。想当年，"天勾"和"魔术师"之间就存在一些很微妙的关系；而现在，他从来都不会质疑科比·布莱恩特的敬业精神，对于外界的流言，一笑置之。

事实上，那时候的湖人队前半程战绩不佳的主要原因来自德里克·费舍尔，2000-2001赛季，已经确定首发位置的"小鱼"受困于应力性骨折，缺席了62场比赛，但在当时的湖人队，罗恩·哈珀垂垂老矣，难堪大任，但在无人可用之际他依然在这62场首发。可以说，"小鱼"的缺阵让湖人队缺少了防守端的第一道屏障。当然，也有"大鲨鱼"赛季初在减肥以及与科比不和的原因在其中。

当2001年3月15日"小鱼"回归后，湖人队终于展现出王者气质，在此期间，科比曾经因伤缺席10场比赛，但这10场湖人队的战绩依然是7胜3负——有时候，西装革履地坐在球场边不一定是坏事，至少，科比·布莱恩特对于球队、对于自己在球队的作用有了一个全新的、全面的认识。

当然，你也不得不佩服杰里·韦斯特，对于湖人队，他真的是倾其所有。看到他一手建立的"OK组合"现在闹成这般模样，"湖人队教父"分别主动打电话给科比和奥尼尔，劝二人暂时将矛盾放在一边。

收官阶段，湖人队以8连胜结束常规赛，他们的最终战绩是56胜26负，仅次于圣安东尼奥马刺队。而在经过了整个赛季的热身后，到常规赛末段，沙奎尔·奥尼尔也终于找到最好的状态，最后的连续11场比赛打出"30+10"，场均33.7分，40分、39分是家常便饭，尽管赛季初期状态不佳，但最终的场均数据还是达到28.7分、12.7个篮板、2.8个盖帽，投篮命中率领跑全联盟，这也让他入选了最佳阵容第一队。

"大亚里士多德"霸气冲天，坐在场边的科比不仅看在眼里，而且看得更加清楚。所以，他复出后主动放弃了一部分出手权。

这样，尽管内斗不断，但科比·布莱恩特依然打出了职业生涯以来最好的一个赛季，场均可以拿下28.5分、5.9个篮板、5.0次助攻——25+5+5，一个巨星的标配，还入选了最佳阵容第二队。赛季结束后，科比场均出手次数为22.2次，虽然比奥尼尔的19.2次要多，但也没有多到夸张的程度。毕竟有很多是在"湖人队老大"状态不佳时所获。

最强湖人队重新浮现，不过，奥尼尔依旧改不了自己的大活宝本色。季后赛开始前，湖人队似乎已经信心满满，"大鲨鱼"甚至开玩笑说："我们的进攻就像是毕达哥拉斯定理。"连很有文化的美国记者们都面面相觑，他们不知道一个这样的大胖子什么时候开始卖弄起数学，然后，沙奎尔·奥尼尔大笑着说："这你还不明白？我们的进攻和毕达哥拉斯定理一样，那就是无人能解。"

毕达哥拉斯定理，听起来很"高大上"，说白了就是勾股定理。

战胜艾弗森

奥尼尔有足够的自信放大话，这时候，洛杉矶湖人队确实有着这样的自信。到了季后赛，这支湖人队的确是如同毕达哥拉斯定理一般无解：击败了之前的那些强劲对手，横扫波特兰开拓者队、萨克拉门托国王队、圣安东尼奥马刺队，所谓的三大劲旅进入了季后赛居然先后被湖人队以 3 : 0、4 : 0、4 : 0 横扫。

在这 11 场比赛中，科比和奥尼尔可谓各领风骚：对阵国王队的比赛中，奥尼尔曾经连续砍下 40+20 的现象级数据；科比也不甘落后，对国王队的最后一战和对马刺队的第 1 场连续砍下 45+10，"OK 组合"这次是真的"OK"了。

如果常规赛还有人质疑科比这只"独狼"只知道一个人单干的话，那么在季后赛，科比的表现真的可以称得上是 MVP 级别的。在此期间，他场均出战 43.4 分钟，可以拿下 29.4 分、7.3 个篮板、6.1 次助攻，即便是面对格雷格·波波维奇指挥下的、拥有蒂姆·邓肯的马刺队，科比依旧难以阻挡，这个系列赛中，当科比单场拿下 48 分的时候奥尼尔又重新喜欢上了科比。"你是我的偶像，"在媒体面前，奥尼尔的兴奋之情溢于言表，"你们都把这句话记下来：我是科比·布莱恩特的球迷。"沙奎尔·奥尼尔总是那么可爱。

湖人队一路过关斩将，很轻松就杀到了总决赛，而他们总决赛的对手是费城 76 人队。费城，一座让科比又爱又恨的城市，这里还有着科比的宿敌：1996 年的黄金年代的头号新秀，相比科比更加桀骜不驯的阿伦·艾弗森。

进入总决赛前，湖人队都横扫晋级，这也让人们期待：这支球队能不能以季后赛全胜的战绩拿下总冠军？但谁也没有想到的是，总决赛的第 1 场，阿伦·艾弗森就给了他们一个下马威。

回头说说这个伟大的对手。没有湖人队在西部的一帆风顺，2000—

2001赛季的费城76人队晋级之路可谓一片坎坷，首轮他们以3：1击败了印第安纳步行者队，但随后两个系列赛，费城都是以4：3先后击败了文斯·卡特率领的多伦多猛龙队、"三个火枪手"领衔的雄鹿队，涉险过关，惊险万分。

时至今日，那应该是进入21世纪后费城76人队最为成功的一个赛季，阿伦·艾弗森当选MVP，拉里·布朗当选最佳教练，迪肯贝·穆托姆博当选最佳防守球员，阿隆·麦基当选最佳第六人。尽管曾经科比也是费城的骄傲，但从1996年开始这座城市的大街小巷就被一个人征服，那就是阿伦·艾弗森。全城都散发出"答案"的味道。

为了支持艾弗森，费城人尽情地表达着对科比·布莱恩特的恨，甚至费城媒体将二人间的对抗上升到了文化高度。在他们看来，科比虽然是黑人，但他的父亲是职业运动员，母亲端庄美丽，家底殷实，还曾有过欧洲的生活经历，他就是一个拥有黑皮肤的白人。而艾弗森就不一样了，他是从贫民窟中长大的，梳着地垄沟般的头发，更能体现黑人那种不屈的精神。这一切，科比怎能不明白？所以，科比霸气地表示，要去费城"割掉他们的心"。

虽然这只是科比一句挑衅的话语，但从此之后，费城球迷和科比彻底成了仇敌。

从某种程度上来说，"黑曼巴"和"答案"很相像，甚至在本质上是完全相同的：桀骜不驯，似乎都是那么难以管教，但天赋都令人着迷。总决赛在2001年6月6日如期打响，而那正是阿伦·艾弗森生日的前夜，这场比赛中，"答案"将他的速度、灵动展现得淋漓尽致，48分！艾弗森给自己的生日送上了一份完美的礼物，令"大鲨鱼"的44分、20个篮板、5次助攻瞬间黯然失色。

比赛中，艾弗森在底角的一次单打，让泰伦·卢失去重心摔倒在地，而在篮球入网之后，艾弗森轻蔑地看着泰伦·卢，直接从他的身上跨过去。这一幕也成了那届总决赛的经典镜头，但不可一世的"AI"风光也就到此为止，而给他制造巨大麻烦的正是受到胯下之辱的泰伦·卢——

现在的洛杉矶快船队主教练。首战失利，但登场 22 分钟的泰伦·卢是全队胜负值最高的。

在这里，不得不说说菲尔·杰克逊的伟大，他生生用身体与"答案"相仿的泰伦·卢缠死了"答案"：10 分钟、17 分钟、14 分钟、10 分钟，时间不长，数据不多，但每当艾弗森准备送给湖人队"答案"的时候他就出现了。在他的协防下，接下来的四场比赛中"答案"尽管依然能以 23 分、35 分、35 分、37 分作答，但命中率却只有 29 中10、30 中 12、30 中 12、32 中 14，有些惨不忍睹。

都说纪录是被用来打破的，湖人队的季后赛 11 连胜被终止固然令人感到有些可惜，但竞技体育就是这样，充满了很多意外、很多不可预知性。随后的四场比赛，当"答案"迷失后，湖人队如同摧枯拉朽一般，击溃了费城 76 人队，再次拿下总冠军奖杯。阿伦·艾弗森成了 NBA 历史上的第 N+1 个孤胆英雄。

这个系列赛中，沙奎尔·奥尼尔展现出一个超级中锋的实力，面对最佳防守球员的迪贝·穆托姆博，他用一次次的强攻、暴扣打得对方没有脾气，替补中锋马特·盖格尔则是 5 分钟 4 犯规、11 分钟 6 犯规。总决赛系列赛，奥尼尔场均可以拿下 33.0 分、15.8 个篮板、4.8 次助攻、3.4 个盖帽，再次捧起总决赛 MVP 奖杯，第 2 次证明自己就是"季后赛球员"，就是"总决赛球员"。

科比·布莱恩特的表现同样可圈可点，总决赛系列赛，他场均可以贡献 24.6 分、7.8 个篮板、5.8 次助攻。而且，泰伦·卢只是奇兵，只是协防，主防阿伦·艾弗森还是靠科比自己。

科比终于赢了艾弗森，赢了他一生的宿敌之一——1996 年的那个夜晚，当大卫·斯特恩宣布费城 76 人队选中阿伦·艾弗森的时候，科比是多么希望那个名字是自己啊。

高中时期有文斯·卡特，进入 NBA 的初期有阿伦·艾弗森，正是这一个个伟大的对手，成就了科比·布莱恩特。很多人不知道的一个故事是：1999 年 3 月 20 日，一场普通的常规赛季比赛中，费城 76 人队击败洛杉矶湖人队，艾弗森在和科比的对决中拿下 41 分："我还记得，当时我就想，我要成为有史以来最好的防守球员，我不能再让这样的好事情发生了。这个想法产生的直接原因就是在费城的那一夜，AI 在我头上砍下了 41 分。我曾告诉过他：'哥们儿，你不知道，因为你，我产生了多大的动力。'人们不知道艾弗森是一个多么冷酷的球员，防守他真的太难了。"

从进入联盟的第 1 天起，阿伦·艾弗森就成了科比赶超的一个目标，如果没有他，科比可能永远都只是一个刷分机器，可能永远都无法像迈克尔·乔丹一样，进攻超群的同时也是联盟的一把防守尖刀。

不管科比和艾弗森的恩怨如何，至少这一年是科比赢了。

卫冕成功了，整个赛季的那些不愉快，随着香槟的弥漫，随着冠军奖杯的捧起，一切都烟消云散。

卫冕成功了，这支湖人队似乎已经到了顶峰，但他们还有着更远大的目标，那就是三连冠。拿下三连冠，就证明着王朝的建立，就如同当年的迈克尔·乔丹和他的"公牛队王朝"一般。

"明年，我们还要拿下冠军奖杯，一次，又一次，再一次。"

夺冠的庆祝会上，科比这样说道。面对数万名洛杉矶球迷的疯狂呼喊，科比穿着一件 44 号的球衣出现在了球迷们的面前，这是杰里·韦斯特的球衣。科比明白，没有这位老人，湖人队很难卫冕。

"你做出抉择，发誓赴汤蹈火在所不辞，发誓一定要取得成功，那么成功不应该让人感到有些意外，不应该让人感到冲昏了头或者是想不到，因为长久以来，这在你的脑海中上演过无数次，当那一刻真正降临的时候，仿佛是理所当然的，因为我早就做到了那些。就是这种感觉，至少对我来说是这个样子。"

三连冠！科比憧憬着！

MAMBA
FOREVER

第四章

王朝时刻

2001 - 2002

三连冠，这是球队的 2 号人物所能达到的最高峰，但同时，他和沙奎尔·奥尼尔的矛盾也达到最高峰，为日后的内部斗争埋下伏笔。

"神"和"9·11事件"

　　三连冠意味着什么？三连冠意味着一个王朝的建立，三连冠意味着向迈克尔·乔丹的地位发起挑战。如今谈起21世纪最伟大、最成功的球队和球员，很多人都会想起圣安东尼奥马刺队和蒂姆·邓肯的名字，诚然，马刺队和邓肯非常成功，甚至比洛杉矶湖人队更有持续的战斗力，但也有很多人质疑他们不是一个王朝球队，因为他们没有拿到过三连冠，甚至从来没有完成卫冕，也就是说，没有在一个时间段内形成连续的超强统治。

　　在当时，质疑马刺队王朝球队称呼的声音很多，但质疑声音最大的自然是"禅师"。"禅师"希望能够在洛杉矶重现公牛队王朝的往昔辉煌，甚至成为一支像拥有比尔·拉塞尔那样的"指环球队"，按照他的一贯做法，心理战的矛头所指自然是最强对手马刺队，理由是他们夺冠的1998–1999赛季是缩水的，含金量有问题。

　　对于长远目标，科比与主教练一致，也是如此。对胜利的渴望他从来都不会逊于任何人。

　　所有人都期待：在迈克尔·乔丹之后，NBA会有另一个盛世，以挽救球市。而洛杉矶这样的大城市如果能够拿到三连冠，对于NBA来说，这绝对是好事情。

　　正当大家摩拳擦掌的时候，整个美国被一起恐怖袭击事件而震惊着、恐慌着，这就是"9·11恐怖袭击事件"，简称"9·11事件"。而迈克尔·乔丹阴错阳差竟然也是"9·11事件"的受害者：为了拯救他的华盛顿奇才队，迈克尔·乔丹本打算在那天宣布第2次复出，但"9·11事件"让他改变了主意。直到两个星期之后他才宣布重返NBA，而他还打算将自己2001–2002赛季的薪水全部捐献给"9·11事件"的受害者。

　　美国是一个信仰超级英雄的国家，钢铁侠、蝙蝠侠、美国队长、绿灯侠，仅是漫画中可以拯救黎民苍生的超级英雄就几十个。而现实生活中，迈克尔·乔丹就是他们的超级英雄，尤其是在那样一个令人绝望的时刻，"飞人"第2次复出让美国人看到那种不屈不挠的精神。

迈克尔·乔丹、"9·11事件"、纽约，很自然地连成一体。在这里，我就借机写写我看到的纽约，尤其是与篮球相关的纽约。

作为土生土长的北京人，在美国待久了我难免会想念家乡——除了亲友，最想念的是家乡的食物和风土人情。在美国，几个大城市都有中国城，但是，洛杉矶与旧金山的中国城更偏南方风格，只有纽约的中国城让我产生一种回到北京的感觉。

第1次去纽约是采访2005年的NBA选秀大会。那时候，圣安东尼奥马刺队与底特律活塞队的总决赛刚刚分出胜负，我直接从圣安东尼奥飞纽约。由于圣安东尼奥是小城市，完全找不到直飞纽约的航班，于是，我在总决赛结束的次日早晨7点钟就出发了，路线是：乘出租车到圣安东尼奥机场—坐飞机到巴尔的摩—转机到长岛机场—坐机场摆渡大巴到长岛火车站—乘火车到曼哈顿—换地铁到法拉盛—坐小巴到我预订的旅馆。

进门，洗手，看表——晚11点40分，减去纽约与圣安东尼奥的1小时时差，整个行程耗时15小时40分钟，换乘交通工具6次，累得一塌糊涂，踢掉鞋子往床上一倒，马上就不省人事了。

第2天中午起床，先出去逛逛，毕竟到了全美最正宗的中国城——昨晚，一片漆黑什么都没看见。刚出旅馆门就眼前一亮，这里真没有美国的影子，怎么看怎么像北京街头。

迈阿密、底特律、印第安纳，这几个我待过较长时间的城市大多华人很少，更没有什么中国城。现在，在纽约，满眼都是"狗不理包子""钱柜""兰州牛肉面"什么的，弄得我像是刚进城的农民，脑袋乱转都不知道该看哪里好了。

一碗馄饨、一个韭菜馅大包子，吃完继续逛，这才发现在纽约"最中国"的还远不止于此——街头的烤羊肉串摊是如此的熟悉，唯

一的不同是"新疆羊肉串"下面多了一行英文：Traditional Xin Jiang
Barbecue（注："传统新疆烧烤"）。铺了一地的盗版 DVD、菜市场里的
讨价还价，就连卖活鸡摊位前的臭味闻着都是那么亲切……想来，《北
京人在纽约》火遍大江南北的原因，不光是王姬和姜文的美与帅了。

　　网球圣地法拉盛肯定要去。满大街的中国人，操着各地口音说着
一些我听不懂的中国话，唯一能肯定的是他们说的绝对都是中国话。想
想，不久前在印第安纳波利斯的时候，如果遇到一个中国人从身边经过，
我都要回头看看，现在，真是眼福、耳福、口福都一起享了。

　　纽约有两个中国城，老中国城在曼哈顿附近，新中国城就在我预
订旅店的法拉盛。老中国城广东人居多，法拉盛则更有北方特色。逛到
晚上，吃了一碗河南羊肉挂面后接着逛，在音像店里找到一盘罗大佑的
2002 年北京围炉夜话演唱会的实况录像——这东西非常难找，我曾找
遍北京也没找到。

　　这就是法拉盛，一个连街道名牌都标着中英双语的城市。之后几
次去纽约都因为各种原因没再住那里，但每次我都会坐火车过去转一转，
吃一吃。

　　与酷似北京的法拉盛相比，纽约的标志性建筑自由女神像与尼克
斯队的主场麦迪逊广场花园都显得如此平庸。自由女神像属于那种"到
此一游"的景点，不看遗憾，看了没感觉；麦迪逊花园广场名曰花园却
不见一草一木，就一个曼哈顿高楼大厦中的一座体育馆而已，只是因为
纽约的大城市背景与尼克斯队的悠久历史，这里成了"篮球圣殿"——
尽管尼克斯队并没有太多的辉煌历史，现如今更是惨不忍睹。

　　"9·11 事件"发生于 2001 年，我来此地的时候迈克尔·乔丹已
经完成了最后一次的退役。纽约，已经非常祥和了。不过，他这最后的
复出，第 1 场就留在这里，两个赛季中最长的连胜——9 连胜的最后一
场也留在这里，2003 年 3 月 9 日告别此地狂砍 39 分、8 个篮板，投篮
22 中 13，罚球 15 中 13，时年 40 岁 20 天。

　　至于 2005 年的选秀大会，头号新秀安德鲁·博古特从没大红大紫，

但我又得采访他，因为他追随金州勇士队走在 NBA 总冠军的卫冕大道上。不过，我仍为能亲临 2005 年的选秀大会而感到庆幸，因为当年的 4 号新秀克里斯·保罗成了全美甚至全世界的第一组织后卫，巅峰期快结束时来了洛杉矶快船队将使这支超级烂队成长为新贵，他也成了我长驻洛杉矶的重要采访对象之一。

迈克尔·乔丹复出，最开心的可能就是科比·布莱恩特了，在最好的年华遇到心中偶像，没有比这更让人心动的事情了。不过此时的迈克尔·乔丹告别 NBA 已有三年的时间了，尽管和很多的年轻后辈相比，他仍然是巨星级别的人物，但若是和自己的巅峰状态相比，"飞人"已经下滑了不少。

迈克尔·乔丹仍然相信 38 岁的自己可以称霸联盟，所以面对奇才队一堆不成器的孩子，他选择复出。和在公牛队时期一样，迈克尔·乔丹选择身披 23 号球衣，常规赛的首场比赛，又是纽约尼克斯队，又是麦迪逊广场花园，"飞人"小试牛刀便砍下 19 分、5 个篮板、6 次助攻、4 次抢断的全面数据，而在 11 月 26 日则是 44 分，12 月 29 日、31 日的比赛中更是分别砍下 51 分、45 分。**一转眼到了 2002 年 2 月 12 日，科比·布莱恩特终于如愿以偿，而全世界也都等待着这两队之间的较量，等待着两代巨星在斯台普斯中心的地板上可以碰撞出怎样的火花。**

本场比赛之前，华盛顿奇才队的战绩只有 26 胜 21 负，而作为上赛季冠军的湖人队战绩为 33 胜 13 负，实在不是一个级别的较量；更何况，迈克尔·乔丹是第 2 次复出，而科比·布莱恩特则是职业生涯的第 1 座高峰。结果没有什么出人意料的，第 3 节，湖人队打出了一波 42：26，一举拉开比分差，最终以 103：94 取得胜利。非常庆幸的是，"大鲨鱼"正好因伤缺战，一方面不至于让迈克尔·乔丹和他的球队输得太惨，另一方面是让科比·布莱恩特的胜利更有分量。反正，"大鲨鱼"不着急这样的对决——在迈克尔·乔丹的职业生涯中，他算是能给"神"带来难堪与尴尬的少数几个人之一。

这场比赛，迈克尔·乔丹出战41分钟，20投8中，拿下22分、5个篮板、6次助攻，很是全面；科比·布莱恩特出战43分钟，20次出手命中9球，拿下23分、11个篮板、15次助攻，一个标准的"三双"，更加全面。长江后浪推前浪，科比终于将自己心目中的"神"拍在沙滩上。

这场胜利，也算得上是科比职业生涯第1次真正意义上的战胜迈克尔·乔丹，之前面对公牛队时期的那个迈克尔·乔丹，要么是科比个人数据不佳，要么是湖人队根本无法和公牛队抗衡，而这次，乔丹终于感到了后生可畏。

当然，这时候没人会认为科比已经超越了迈克尔·乔丹，毕竟一个38岁的老将还能打出如此表现就十分值得人们去敬畏了。更令人敬畏的是，迈克尔·乔丹重返NBA后给这个联盟带来的那份社会关爱与巨大影响力。

在"飞人"的带动下，NBA开展了各式各样的关爱行动以支援"9·11事件"的受难者们，捐款、社区活动、拍摄短片，形式多样，五花八门——乔丹正是想用这样的方式鼓励仍然处于悲痛中的美国人。危难关头，美国各个领域的体育明星们，都开始肩负起一种更强的社会责任感。

或许是受到大环境的影响，突然之间"OK组合"也意识到了：之前的争吵太孩子气了，整个美国都同仇敌忾，他们又为何要为鸡毛蒜皮的小事而斤斤计较？所以，2001–2002赛季的"OK组合"难得地和平共处，"紫金军团"内部空前团结。

想念奥尼尔

  洛杉矶湖人队依然对阵容进行调整、修补，但如同所有的冠军球队一样，动作不大，以免伤筋动骨：37 岁的罗恩·哈珀在赛季开始前宣布退役；在总决赛中因防守阿伦·艾弗森而成名的泰伦·卢前往华盛顿奇才队；布莱恩·肖被裁；对三角进攻烂熟于心的霍雷斯·格兰特则被年轻的萨马基·沃克取代；德文·乔治已准备好了崭露头角；而乌克兰的大前锋 / 中锋斯坦尼斯拉夫·梅德维登科被寄予厚望；唯一的纯粹人才引进，则是 2001 年 7 月 20 日湖人队的第 1 笔交易，就是以自由球员的身份签得前全明星得分手米奇·里奇蒙德。这位 36 岁的老将之前的 13 个 NBA 赛季已经挣得 5161 万美元，现在以 100 万美元的老将底薪加盟一支陌生的球队，当然不是为了职业生涯总薪金增加 100 万美元，而是为了所有 NBA 球员——不，几乎是所有篮球运动员——都在梦寐以求的那枚总冠军戒指。

  现在的各支球队都不缺钱，可在当时，洛杉矶湖人队这种不缺钱的球队也不过如此，这支球队真正的 BOSS 还是"OK 组合"，只要他们健康，靠着两个人的发挥就足以让联盟大多数的球队喝一壶的。关于这一点，听着似乎有些"凯文·杜兰特 + 拉塞尔·韦斯布鲁克"的意思，但实际上，这么说是对"雷霆双少"的抬举——在那个年代"OK组合"绝对可以秒杀联盟所有的组合，不管是二人组合、三人组合还是四人组合。

  新赛季开始后，湖人队果然所向披靡，打出了一波 7 连胜的梦幻开局，之后他们曾经输给了菲尼克斯太阳队，但马上又是一波 9 连胜，前 17 场比赛只输掉了其中的一场，继续高歌猛进。在此期间，科比罕见地甘心在奥尼尔身旁充当绿叶，整个 11 月他只有一场比赛的出手次数超过 24 次。当然，到了 2001-2002 赛季，科比·布莱恩特已经无须再用得分来证明自己；而在得到足够多的支持下，"大鲨鱼"也继续大发神威，在 12 月 5 日对阵达拉斯独行侠队的比赛中拿下 46 分、15 个篮板。

不过，没过多久，这支球队再次遭遇伤病影响，德里克·费舍尔脚踝遭遇粉碎性骨折，"大鲨鱼"的脚趾也出现伤病。二人的缺席令湖人队实力大减，只能依靠科比·布莱恩特一人苦苦支撑，球队在随后的比赛中只打出 17 胜 12 负的战绩。但对科比·布莱恩特个人而言，在没有"大鲨鱼"、没有"小鱼"帮助的情况下，2001–2002 赛季的"黑曼巴"展现出了惊人的爆发力：

2001 年 11 月 1 日	客场面对老对手犹他爵士队	科比砍下 39 分 8 个篮板 6 次助攻
2001 年 11 月 4 日	三天后在主场再战犹他爵士队	科比再次砍下 38 分 6 个篮板 7 次助攻
2001 年 11 月 25 日	湖人队在主场以 21 分的优势大胜丹佛掘金队	科比拿到 24 分 13 个篮板 7 次助攻
2001 年 12 月 22 日	湖人队对阵当时的弱旅孟菲斯灰熊队	科比砍下 36 分 6 次助攻

2001 年 11 月 1 日：客场面对老对手犹他爵士队，他砍下 39 分、8 个篮板、6 次助攻。

11 月 4 日：三天后在主场再战犹他爵士队，科比再次砍下 38 分、6 个篮板、7 次助攻，让这个对手充分领会了与科比结仇的严重后果。

11 月 25 日：湖人队在主场以 21 分的优势大胜丹佛掘金队，科比拿到 24 分、13 个篮板、7 次助攻，13 个篮板是科比 2001 – 2002 赛季的最高篮板数。

12 月 22 日：湖人队对阵当时的弱旅孟菲斯灰熊队（注：2001 – 2002 赛季开打前温哥华灰熊队从加拿大搬回美国，新主场城市是孟菲斯），科比砍下 36 分、6 次助攻，但这场比赛以失利结束，这也是科比职业生涯第 1 次输给他后来最重要的队友——保罗·加索尔。

2002 年 1 月 14 日，耻辱之后没过多久，科比就完成了复仇，再次面对灰熊队时独砍 56 分。56 分也刷新了他职业生涯的单场得分新高——在此之前，他的单场得分最高是 51 分。在科比的带领下，湖人队以 39 分的优势大胜对手，更值得一提的是，科比这场比赛只打了 34 分钟，第 4 节的大部分时间他都没有登场。正所谓"无巧不成书"，一年前的今天，科比拿下他职业生涯的第 1 个"三双"。

第 2 个需要在此补充的故事则是：这时候，杰里·韦斯特已经成为孟菲斯灰熊队的篮球总监，在"LOGO"面前，科比·布莱恩特用自己独特的方式向老人表达敬意。而曾经的"湖人队教父"则开始带着这支赢弱不堪的 NBA 新军首次向强队之路奔去，2002-2003 赛季便在保罗·加索尔的率领下打进季后赛；之后，当灰熊队遭遇发展瓶颈时，又是经他之手将加索尔兄弟进行互换，助科比·布莱恩特登上了职业生涯的最高峰，而灰熊队经过短暂沉寂，又连续 6 个赛季打进季后赛。

2001-2002 赛季，科比·布莱恩特一共有 18 次砍下"30+"。

那么，沙奎尔·奥尼尔不在的时候没有人和"黑曼巴"抢夺球权，无限开火，科比是不是玩爽了？如果现在你还这样看待科比，你就大错特错了。也是在和孟菲斯灰熊队的这场比赛中，科比的一个细节感动了很多人：在登场前，他特意在自己的球鞋上写下"34"的字样，用这样的方式来表达对湖人队老大的想念。赛后，当记者问及科比，他想要对奥尼尔说些什么的时候，科比冲着镜头大喊："我爱你，兄弟。"

　　一句话，将科比内心世界的蜕变体现得淋漓尽致。职业生涯的初期，科比似乎对于篮球的认知还停留在高中阶段，以为凭借一己之力就可以像在劳尔·梅里恩高中一样拿下冠军。但两座冠军奖杯过后，科比逐渐明白了，相比于数据，胜利、冠军才是他最想得到的，而这些必须依靠团队。

MAMBA FOREVER

单刀战费城

　　2000-2001赛季总决赛，洛杉矶湖人队和费城76人队之间的激战还历历在目，当时人们都想要看到科比·布莱恩特和阿伦·艾弗森这两个傲娇的年轻人再次碰面，如同日后人们总希望看到"小巨人VS大鲨鱼""23 VS 24"一样。NBA联盟当然明白什么最赚钱、什么最能吸引眼球，所以论重要程度这场比赛仅次于总决赛和全明星周末，于是，2001年12月25日，圣诞大战NBA选择了"洛杉矶湖人队VS费城76人队""科比·布莱恩特VS阿伦·艾弗森"，一定要看清究竟谁是"答案"，谁又是"答案的答案"。

　　当时的"圣诞大战"场次不太多，"公牛队王朝"解体后，拥有奥尼尔和科比的洛杉矶湖人队已经成为联盟的新旗帜，每年的圣诞大战，"天使城"都会成为最忙碌的城市。大卫·斯特恩对于湖人队的"青睐"众所周知。2001年，"OK组合"大战"答案"也成为圣诞大战的最大卖点；而另一场，多伦多猛龙队对阵纽约尼克斯队，自然是文斯·卡特对战"阿兰·休斯顿 + 拉特里尔·斯普雷维尔"这对外线组合了，核心自然是"加拿大飞人"的扣篮。但事不凑巧，已经对常规赛尤其是表演赛兴味索然的"大鲨鱼"以脚趾伤势为借口无法出战，而科比也在之前的一场比赛中拉伤了肌肉，但是，如果没有"OK组合"，这顿圣诞大餐吃得也就索然无味了。于是，在大卫·斯特恩的施压下，科比勉强答应出战。

　　2001-2002赛季，尽管阿伦·艾弗森的状态依旧火热，但费城76人队的实力和洛杉矶湖人队越拉越大。因为伤病，科比的发挥大打折扣，但76人队并未因此尝到甜头，倒是平时很少露脸的湖人队角色球员们在这场全美直播中大出风头，所有人都有斩获。

　　单论个人表现"答案"依旧是难以阻挡的，状态火热的他在首节比赛中就砍下12分，第3节进行了3分多钟的时候，76人队以73：60

领先。从这时候开始，科比突然焕发血性，在比赛的最后阶段，前 14 投只有 2 中的他带领球队打出一波 19：2 的进攻狂潮，当比赛还有 4 分 17 秒的时候，湖人队已经以 79：75 反超，最终赢得战斗。

科比受到伤病的影响，全场比赛中只拿下 12 分，但最终他也贡献 11 个篮板、9 次助攻的全面数据。这场比赛是在费城的主场进行的，尽管艾弗森拼尽全力砍下 31 分、8 个篮板、4 次助攻，但显然费城的球迷们并没有得到一份让他们满意的圣诞礼物，继 2000 - 2001 赛季的总决赛，他们再次输给了洛杉矶湖人队。

科比和艾弗森的恩怨并没有就此结束，2002 年的 NBA 全明星赛也是在费城举行。一年前的总决赛中，科比所在的球队战胜了 76 人队，而且在系列赛中科比还大放厥词，所以这届全明星赛，每当科比拿球全场就是一片嘘声。

这届全明星赛，想要在球场上找到科比很简单，因为本次比赛规定球员们身穿各自球队队服参加——在费城，在第一联合中心，紫金战袍显得那么碍眼。

科比可不管这些，越是有人要嘘他，科比越是要证明自己，让对手付出代价。

最终西部全明星队以 132：120 战胜东部全明星队，科比全场贡献 31 分、5 个篮板、5 次助攻，拿到全明星赛 MVP 的称号，也成为继 1993 年的迈克尔·乔丹之后首位在全明星赛上拿到 30 分的球员。

当然，这届全明星赛也有一些其他的看点，比如特雷西·麦克格雷迪全场拿下 25 分，他在比赛中的自抛、打板、扣篮成了全明星的经典之一。但费城球迷一心只想着科比，所以当大卫·斯特恩宣布科比将获得 2002 年费城全明星赛 MVP 的时候，全场一片嘘声，这个声音甚至盖过了大卫·斯特恩话筒的声音。

科比还是有些不理解，他出生在这里、长在这里，给这里带来过冠军，为什么要遭受这样的对待？赛后接受采访的时候，科比有些哽咽："这很伤人。他们的喊声深深地伤害了我，但这并不能磨灭我在球场上的表现。"

科比确实做到了，2001-2002赛季，在沙奎尔·奥尼尔、德里克·费舍尔等人都遭遇重大伤病的情况下，科比带领湖人队打出58胜24负的战绩，在太平洋区他们仅次于61胜21负的萨克拉门托国王队，在整个西部排名第三。

受困于新出台的区域联防规则，"大鲨鱼"的威力有所减弱，但即便如此他在2001-2002赛季场均还是可以贡献27.2分、10.7个篮板、2.0个盖帽，从数据方面来看，似乎有所下滑。而科比出战80场比赛，场均可以贡献25.2分、5.5个篮板、5.5次助攻。到2001-2002赛季，"OK组合"联手进入了最佳阵容第一队，成为继迈克尔·乔丹和斯科蒂·皮蓬之后，第一对同时进入最佳阵容第一队的队友。

有时候，最佳阵容的评选也要看人气，但到了2001-2002赛季已经没有人再敢忽视"OK组合"中的那个"K"。除此之外，科比·布莱恩特还入选了最佳防守阵容第二队，这恐怕是很多人都没有想到的。

当然，常规赛的荣誉和总冠军相比都是浮云。

2000-2001赛季，他们在整个季后赛中只输掉了一场，但2001-2002赛季他们遇到了真正的挑战。

皇后 OR 国王

　　季后赛终于来了，"OK 组合"争取建立王朝的最佳历史时机来了。和 2000-2001 赛季的季后赛一样，湖人队再次在西部遇到波特兰开拓者队、圣安东尼奥马刺队、萨克拉门托国王队，对手完全相同，不相同的只是西部半决赛和决赛的对手进行了对换。

　　首轮的开拓者队已今非昔比，当初的铁血前锋几乎解散，邦奇·威尔斯顶替史蒂夫·史密斯打首发，日后的全明星球员扎克·兰多夫"打酱油"，萨博尼斯、格兰特、小奥尼尔、施莱姆夫都已经离去，肖恩·坎普和今天的金州勇士队主教练史蒂夫·科尔在这里度过职业生涯的黄昏，斯科蒂·皮蓬直言自己控制不了更衣室。湖人队则是兵不血刃，3：0，轻轻松松晋级，似乎是常规赛赛季的延续，"大鲨鱼"继续热身。

　　将"OK 组合"单拎出来，似乎是科比主宰进攻端，三场比赛分别出手 28 次、21 次、19 次，分别贡献 34 分 7 个篮板 3 次助攻、19 分 6 个篮板 5 次助攻、25 分 4 个篮板 7 次助攻，"大鲨鱼"则分别是 25 分 9 个篮板、31 分 14 个篮板、21 分 11 个篮板，但出手次数分别只有 17 次、20 次、11 次，是防守核心。

　　另外的一个变化是，德里克·费舍尔、里克·福克斯甚至萨马基·沃克都能利用两大巨星的牵制适时得分，上双是常有的。罗伯特·霍里和德里克·费舍尔则越来越显露出"关键先生"的本色。

　　波特兰不甘心就此缴械，第 3 场，他们也曾经尝试过殊死搏斗，但终场前 2.1 秒，罗伯特·霍里就"关键先生"了一回，完成绝杀，彻底击溃对手。

　　有些悲凉的是，当科比正在西部联盟大杀四方的时候，他的宿敌阿伦·艾弗森率领的费城 76 人队经过五场激战，最终被拥有保罗·皮尔斯和安托万·沃克的波士顿凯尔特人队淘汰，令人唏嘘。

　　第 2 轮，再度和圣安东尼奥马刺队相遇，与 2000-2001 赛季西部决赛的那支队伍不同，"海军上将"更像是影子中锋，连续第2个赛季将上场时间压缩到30分钟之内，托尼·帕克则已经迈上历史舞台，尽管这只是他的新秀年，但依然不可小视。关键是，这是一支纪律严明的队伍，这是一支心理素质过硬的队伍，有主教练格雷格·波波维奇，有大前锋蒂姆·邓肯，谁也不可以轻视。

果然，首战轻松胜出后，湖人队就有些意外地在主场输掉一场，但随后他们就在圣安东尼奥挽回颜面，总比分变成2：1。在随后进行的第4场比赛中，终场前6分钟的时候湖人队仍然落后对手10分，但此后他们奋起直追，渐渐迫近，当终场前5.1秒钟的时候两队难分高下。就在这时候，科比·布莱恩特高高跃起，在"双塔"头顶抢下了前场篮板，然后在邓肯面前补篮得分，再次完成了绝杀——如果从2000–2001赛季的季后赛开始算起，那已经是湖人队连续第11个客场获胜。最终，4：1，湖人队在斯台普斯中心进行的第5场比赛中淘汰了圣安东尼奥马刺队。

而多年后谈到那次补篮，科比耸着肩膀说："所有人都将注意力放在蒂姆·邓肯、沙奎尔·奥尼尔这些球员身上，却忽视了我的存在。我要让他们知道，篮板球并不是他们的专利，只要有绝杀，我可以跳得比这些大个子还要高。"

而马刺队主帅格雷格·波波维奇对科比也是无可奈何，甚至他已经开始将科比和迈克尔·乔丹相提并论："无论是篮球天赋、身体条件还是无与伦比的求胜欲望，科比·布莱恩特都足够让人赞叹。尤其是他的求胜心，简直和迈克尔·乔丹一模一样。"

在NBA的教练圈子里，波波维奇无疑是大师级，但就像是所有的动物都遵循食物链、都会有天敌一样，菲尔·杰克逊似乎就是波波维奇的天敌。

就像之前写到圣安东尼奥这座城市时所说，他们与"紫金军团"的漫长对抗才刚刚开始。这次，身处阳光下的菲尔·杰克逊的人马赢了一回，但身处阴影中的圣安东尼奥正从黑暗中崛起并走向强盛——令所有对手感到恐怖的是，这座安静的小城市造就的球队内部的和谐氛围。

这么说吧，多年来，马刺队都处于顶级强队之列，即使主教练格雷格·波波维奇、核心蒂姆·邓肯以及托尼·帕克、马努·吉诺比利换了一波又一波的搭档。其中，"诸葛维奇"的伟大不用赘述——即使不是有史以来最好的教练，也定是最好的之一。

至于"GDP组合"，他们各自有其性格，各自有其球风，但是，这三人经过10多年的历练依然能亲密无间，这才是硬道理。虽然联盟里并不乏所谓的三巨头与铁三角，但是能像他们仨场上场下都保持整个职业生涯的默契，应该算是绝无仅有。

2001年，19岁的帕克来到圣安东尼奥，头次见到邓肯，邓肯说："托尼，你可以叫我蒂米。"

帕克没想到，眼前这位总决赛的MVP会是如此的平民化。"你知道吗？我还没见到他时一直在想：'会不会做错什么让他生气呢？'"帕克说。他的忧虑没有成为现实，邓肯在他身边的时候与其他老将不同："他们让我去买饮料，这算是新人的工作。其他人都要咖啡，只有蒂米要了一杯椰子汁。"

一年后的2002年，就是这次失败之后不久，吉诺比利来到马刺队。他在欧洲联赛出人头地，但NBA对他而言是未知世界，走到马刺队的新训练馆，有些忐忑地对身边人说："他们会怎么对我呢？"

邓肯走到训练馆门口，说："欢迎。"

这是一个完全和帕克、吉诺比利想象中不同的球员。邓肯，在1998–1999赛季就已经拿到了总冠军以及总决赛MVP，入选全明星阵容和最佳阵容第一队，是当时最好的球员，但他既不妄自菲薄，也从来不妄自尊大，就好像那张不变的脸——从进入球队的第1天到现在，都是那样。马刺队的一位工作人员告诉我："蒂米对身边的每一位工作人员都很亲切，从来不会因为输球或者赢球改变他的态度。"

当帕克开始成为马刺队的组织后卫，他总在纠结是否要指挥邓肯跑位，他告诉波波维奇，战术也许应该做出一些变动，比如"蒂米应该到高位来给我做掩护",于是,在第 2 天的训练中邓肯来到他身边说:"托尼,你和我说就行了,我该怎么配合你?"

邓肯说:"我想,我们赢球的真谛,就是牺牲。"

伟大的球员从来不会考虑自己的数据,他们更在意比赛的胜负以及球队的化学反应。

其实,在赛场外,这三位球星都是非常幽默的人——包括看上去万分木讷的邓肯。一个例子是,近年来有人在圣安东尼奥先后拍了几个搞笑广告,帕克与吉诺比利更是广告中的耍宝达人。

正是有了如此稳定的核心阵容,马刺队才能多年立于强队之列。完全可以这么说,"GDP 组合"与"OK 组合"是两个极端,前者是团体,后者是个体。

我采访 NBA 的这些年里,有幸现场见证了马刺队三次夺取总冠军,而圣安东尼奥市民们在夺冠夜后自发的游行更让我印象深刻。NBA 的惯例是每年夺得总冠军的球队都会择日举行大游行。圣安东尼奥的市民则会在球队夺冠当晚自发来一次彻夜大游行,有的坐在汽车后备厢上,有的坐在小皮卡的拖斗里,有的走在马路上,伴随着汽车的鸣笛来庆祝马刺队的夺冠。

由于汽车鸣笛的声音太大,所以,每次马刺队夺冠后的当夜都不可能有人入睡。圣安东尼奥,这座平日里安逸、宁静的小城市一时间也成了不夜城。

2012–2013 年的季后赛开打前"GDP 组合"齐声呐喊:"再不疯狂一把我们就都老了!"

其他球队集体回应:"你们再不老我们就都疯了!"

结果是,他们随即打进了总决赛,只是最后一秒毁于雷·阿伦的"更疯狂"，但在接下来的 2013–2014 赛季我就第 3 次现场见证蒂姆·邓肯夺取自己的第五冠。

通往总决赛的道路上，湖人队只剩下一道坎，那就是风格华丽的萨克拉门托国王队。2001–2002 赛季，国王队以 61 胜 21 负的战绩排名联盟第一，这一数据不仅刷新他们的队史纪录，而且在萨克拉门托时期他们第一次拿下了大西洋赛区冠军。

不过对于国王队，奥尼尔却是"战术上重视敌人，战略上轻视敌人"，甚至，他将这支球队讽刺为"萨克拉门托皇后"。当然，现在的奥尼尔已经是国王队小股东，他肯定会后悔当年给国王队取这么一个绰号——"皇后"。不过，在当时，奥尼尔确实认为，打国王队其实就相当于打总决赛，如果过了国王队这一关，那基本上就相当于拿下了总冠军奖杯。

奥尼尔的想法没有错，国王队确实让他们吃尽了苦头，甚至三连冠的梦想差点破灭。

因为常规赛季战绩，所以，西部决赛的系列赛国王队拥有主场优势。好在洛杉矶湖人队先声夺人，客战以 106：99 拿下首场比赛。这场比赛中，科比出场 44 分钟，拿下 30 分、6 个篮板、5 次助攻。"大鲨鱼"依旧当绿叶，26 分、9 个篮板、4 个盖帽。

但国王队并不是一般的强队，他们很快就调整好状态，在第 2 场比赛中完成复仇。当然，这场比赛湖人队的失利也是有客观原因的，比赛开始前，科比·布莱恩特出现食物中毒的状况，身体严重脱水。事后科比认为，自己是吃了酒店中的培根汉堡才出现了这样的状况，但即便如此，他还是 21 投 9 中拿下 22 分，不过，90：96，一场败局是无法改写了的。尽管沙奎尔·奥尼尔已经回暖，狂砍 35 分、12 个篮板，罗伯特·霍里则抢到 20 个篮板。

在客场的比赛中遭遇食物中毒，显然又有说法，套路不外乎"阴谋论"。我前面提到的 ESPN 同事、美国篮球名记 J.A. 阿丹德就表示，"湖人队球迷都相信这是故意的，大家认为事情肯定没有大家想象的那么简单，肯定是恶意的。"已经跟湖人队没有任何关系的杰里·韦斯特更是怒斥国王队的行径，认为"比赛是在球场上，而不是在酒店里"。不过，科比自己却表示："我还没吃一半。至于阴谋论，我不知道，我不这么认为。"

31岁的罗伯特·霍里已经步入NBA生涯的第10个赛季，老兵不仅见多识广，而且在来洛杉矶之前，刚进联盟的时候就追随"大梦"夺得两座总冠军，所以，只有他不担心。因为食物中毒的是科比·布莱恩特，而不是沙奎尔·奥尼尔。"如果是沙克生病了我还有点担心。我们知道科比有多么爱迈克尔·乔丹，迈克尔·乔丹会带病出场的，科比也会的。"引用中国时下流行的网络语言，沙奎尔·奥尼尔算是"躺枪"了，听了这话有何感想就不得而知了。

一般的预测是回到斯台普斯中心会反弹，而且，之间有三天的休息时间。可现实状况是，"紫金军团"在自己的地盘突然莫名陷入了低迷之中，像是中邪了，首节就输给对手17分，结果那场比赛湖人队90：103输给国王队。"大鲨鱼"的20分19个篮板又打了水漂。

1：2。

湖人队已经被逼到悬崖边，如果总比分变成了1：3，他们就很难翻盘了。但这次关系生死的第4场比赛，一开始湖人队球员便再次背上了沉重的心理包袱，很快就以20：40落后。

见惯球队捧杯的洛杉矶球迷开始不满了，漫天的嘘声响彻斯台普斯中心，好在湖人队众将没有放弃，终场前，还有11.8秒的时候国王队的领先优势只有2分，但湖人队拥有球权。这时候，湖人队的第一选择当然是科比·布莱恩特，毕竟这时候交给沙奎尔·奥尼尔，万一对方采取犯规战术，万一"大亚里士多德"2罚不中，或者2罚1中，那就等于是功亏一篑，全盘皆输了。而且，2001-2002赛季的季后赛科比已经有过绝杀对手的记录。

这个战术基本不是秘密，谁都知道的。全场所有的目光都集中在一个人——科比·布莱恩特——的身上。"黑曼巴"也知道自己就是为这样的大场面而生。但关键时刻，他的突破上篮以偏出而告终。奥尼尔的补篮同样没有进。在这样的大形势下国王队中锋弗拉德·迪瓦茨急中生智，想要一巴掌将球打得远远的，这样一方面能消耗湖人队的进攻时间，另一方面也能缓解国王队防守端混乱的状况。当然，要是迈克·毕比接到球了，发动一次快攻，就最好不过了。

但正所谓"人算不如天算"，迪瓦茨的这一巴掌，不偏不倚正好把球送到了罗伯特·霍里的怀中。此时距离全场比赛结束还有 1.5 秒，霍里不愧是天生的杀手，就站在三分球线外，接球，扬手，拉弓射日，即便是克里斯·韦伯奋力扑救，也已经是于事无补，球在空中划出一条美妙弧线，灯亮，哨响，一击命中，全场球迷都因此而沸腾。

罗伯特·霍里的三分球拯救了湖人队，将他们从悬崖边拉了回来。这场比赛中科比拿下 25 分、4 个篮板，奥尼尔拿下 27 分、18 个篮板，但如果没有罗伯特·霍里，试想这场比赛过后，"OK 组"应当承受怎样的压力。霍里确实是一名出色的蓝领，全场 18 分、14 个篮板，是"OK 组"之外最重要的角色。

之于科比，他已经竭尽全力了。在这场艰苦卓绝的战斗中，他打光了最后一颗子弹，比赛结束后，科比甚至接受了静脉注射。

西部决赛系列赛的战斗是如此惨烈，湖人队似乎已经将家底全都搬了出来，但是，在接下来的第 5 场比赛他们又输了。科比得到 30 分，但命中率只有 29 中 11，尤其是在最后的 46.6 秒，当湖人队依然以 91：88 领先的时候，他不仅自己两投不中而致湖人队一分未得，而且是对迈克·毕比犯规，后是眼看迈克·毕比投中二分球，91：92，这次是湖人队被国王队逆袭。至于奥尼尔，尽管只得到 28 分，但他的投篮命中率是 18 中 14，但很不幸，还剩 3 分 22 秒的时候他因 6 次犯规而被罚出场，逆袭就发生在这之后。

和之后的两场比赛相比，这场比赛并没有得到足够的重视，韦伯再次打出 29 分、13 个篮板的高效表现。一个更好的消息则是，佩贾·斯托亚科维奇——国王队最好的投手回来了，尽管只打了 18 分钟，只得到 2 分。

2 : 3，湖人队从悬崖跌落，跌到了谷底。事实证明，萨克拉门托国王队并不是奥尼尔口中的"皇后"，而是真正的"国王队"。

大名鼎鼎的加利福尼亚州首府究竟在哪里呢？洛杉矶？圣弗朗西斯科？都不是，答案是——萨克拉门托。虽然是首府，但萨克拉门托只是一个小城市，和洛杉矶相比，这里就只能算是市郊了。

而当洛杉矶遇上萨克拉门托——一个世界娱乐中心遇上一个"大农村"，NBA 首先要考虑的是钱，是收视率，为了利益最大化，NBA 当然会希望湖人队能够进入 2001-2002 赛季的总决赛。毕竟，在大卫·斯特恩的时代，NBA 确确实实是一个商业娱乐联盟。

惨烈的战斗让湖人队的很多球员身心疲惫，"在比赛和比赛之间，我根本睡不着觉，体重一直在下降。我的压力非常大，这轮系列赛完全没有什么乐趣可言。"里克·福克斯曾经这样描述当时的情景。

当系列赛打到第 6 场的时候，双方已经知根知底，什么战术、跑位都已经熟悉得不能再熟悉了，三节比赛过后，双方战至 75 : 75，但第 4 节风云突变，似乎湖人队的每次进攻都能得到裁判的哨声。就是那个历史上著名的第 4 节，湖人队罚球总次数竟然达到了 24 次！更令人吃惊的是，终场前 6 分 51 秒沙奎尔·奥尼尔勾手命中，自此之后，除了奥尼尔又命中一球，湖人队就再也没有过运动战得分，但即便如此他们仍然能够赢球。原因很简单，他们总是能得到罚球，仅这段时间就 21 罚 15 中。

赛后，一看技术统计表，全场比赛国王队共得到 25 次罚球，湖人队竟然高达 40 次！而在终场结束前，当科比一肘将迈克·毕比砸得天昏地暗、血流满面的时候，裁判竟然没有做出任何的表示，就这样比赛进入了第 7 场——决战！

回头说第 6 场，"大鲨鱼"确实打得很棒，甚至是伟大，一人砍下 41 分、17 个篮板，命中率是 25 中 14。甚至罚球线上的他也让人惹不起，17 中 14，简直是逆天了。科比也补充了 31 分、11 个篮板、5 次助攻，但裁判却成了球场上的真正主角。

如此输球让国王队主帅里克·阿德尔曼很是无奈："我们的人已经竭尽全力。奥尼尔只有4次犯规，但是我们的内线一共有20次，这场比赛和过去几场有相当大的不同。"

克里斯·韦伯则暗讽联盟偏袒湖人队：

"我听说冠军注定是冠军的。"

第6场比赛究竟是不是"阴谋"，确实不好说。但多年后，因为赌球被捕入狱进而名声大振的NBA裁判蒂姆·多纳希曾经表示："裁判是联盟的人。2002年的西部决赛联盟就是想让比赛进入第7场。比赛中，如果科比首节犯规比较多，其中的一名裁判会将另外的两名裁判叫到一边，然后说：'如果再吹科比犯规，那必须是一个足够明显的犯规。'"为此，多纳希也对NBA做出指控，但斯特恩反驳称，多纳希是一个"唱着歌的污点证人"，不可信。

当值裁判迪克·巴维塔是NBA的"传奇裁判"，入选了奈史密斯名人堂，他事后也承认，湖人队大比分2：3落后的时候，他们确实给了湖人队一些照顾。

可能连"禅师"自己也没有想到他们能以这样的一种方式获胜，所以，私底下"禅师"也曾和自己的好友说，这轮系列赛第6场取胜的本应该是萨克拉门托国王队。

以这样的一种方式输掉比赛，国王队的士气受到了打击，并且，尽管第7场比赛在国王队的主场进行，但他们并没有感受到太多的主场优势：首发迪瓦茨早早因为6次犯规被罚出场，替补中锋波拉德也因为4次犯规而收敛了许多，这自然又是奥尼尔的功劳。他不仅为队友们攻击湖人队内线扫清障碍，而且自己也贡献了35分、13个篮板。

但国王队也不是吃素长大的，双方16次战平、19次交替领先，从头至尾都没怎么拉开比分差距。常规时段的最后时刻主队本有机会取胜，但在还剩 11.7 秒、国王队以 98：99 落后的时候，佩贾·斯托亚科维奇的关键三分球以三不沾而告终，随后，双方再次进入了罚球大战，奥尼尔 2 罚 1 中，毕比 2 罚 2 中，100：100，还剩 4.2 秒了，获得球权的湖人队完全控制篮板，但奥尼尔、科比、霍里的二分球全部偏出，比赛进入加时赛。

在加时赛，当只剩 1 分 55 秒的时候，奥尼尔连投带罚共得 4 分，率领湖人队以 108：106 领先，想赢怕输的心理压抑着每个国王队队员，韦伯、毕比、道格·克里斯蒂连续三次投失，而在还剩 106 秒时，韦伯的关键三分球又偏出，比赛基本结束了。费舍尔和科比 4 罚全中，比赛结束了。

最终的比分是 112：106，但不得不再次提及罚球。

不过，站在公允的立场，不讨论裁判，湖人队众将的心理素质帮了他们大忙：第 4 节和加时赛他们总共是 18 罚 17 中，即使是奥尼尔也达到了惊人的 6 中 5，印证了他关于罚球的一句名言："我想罚中的时候自然就会罚中的。"反观国王队，同样是这段时间，8 中 6 尚且说得过去——只是，如果全中可能结果就不相同了，但罚球更准的他们全场竟然是惨不忍睹的 30 中 16，相比湖人队的 33 中 27，他们是直接倒在了罚球线上。这是怪不得裁判的。

"最后是在罚球线上定胜负，完全看球员心态。很多人讨论为什么某某球员罚不进，在训练中命中率 80%，到了球场上只有 50%。这就是压力。我们经历过第 7 场，也经历过失败。在我执教他们之前他们在季后赛被横扫过两次，他们了解那样的压力。"菲尔·杰克逊这样说道。而在国王队球员的口中，你只能听到惋惜的声音。

这轮系列赛有太多的场外因素，一切看起来都是那么不正常，以至于比赛结束后，一位名叫拉夫·内德尔的政治活动家要求联盟调查第 6 场，但大卫·斯特恩是一副官方做派，口头表示欢迎各界的调查，之后却是不了了之。

大逆转的这两场比赛，"大鲨鱼"的表现是统治级的：41 分 17 个篮板、35 分 13 个篮板，似乎为总决赛做足了准备。但科比也有着不错的发挥：

第 6 场砍下 31 分、11 个篮板、5 次助攻，
关键的第 7 场他出战 52 分钟，
贡献 30 分、10 个篮板、7 次助攻。

MAMBA
FOREVER

紫金王朝

直到现在，2001—2002赛季的西部决赛依然有很多说法，但又没有任何可以呈送法庭的证据。结果无法更改，湖人队最终闯进总决赛的大场面——和沙奎尔·奥尼尔想象的一模一样，过了国王队这道坎，总冠军基本被握在"大鲨鱼"手中。这也许是NBA历史上最为寡淡的总决赛之一，不如直接告诉你们结果好了——4：0。

总决赛MVP是"大鲨鱼"，他的表现也说明一个道理，笑到最后才是笑得最好的：36分16个篮板4个盖帽、40分12个篮板8次助攻、35分11个篮板4个盖帽、34分10个篮板4次助攻2个盖帽，命中率最低的一场都已经是惊人的60.0%。其他队友没有任何竞争的资本了，科比·布莱恩特也在其列。

但出于尊重，关于他们的总决赛对手——新泽西篮网队，还是有介绍的必要。当时，这支球队的主场还在新泽西，可能大家还记得，1996年夏天，篮网队差点儿就将科比选入队中，现在他们的心中恐怕满是懊悔。篮网队的当家球星是贾森·基德，就是"银狐"在湖人队执教时不愿意用尼克·范埃克赛尔去交易的那个贾森·基德；另外，篮网队当时的主帅已经不是1996年夏天对科比情有独钟的约翰·卡利帕里，而是湖人队前球星拜伦·斯科特——在科比的新秀赛季被湖人队特意请回来当他的导师。可能如今的湖人队球迷在看过他此前两个赛季在"紫金军团"的执教表现后根本就无法理解：拜伦·斯科特，一个靠手气在烂队执教的主教练怎能将篮网队带进总决赛？但事实上，当年的他还真的做到了，而且接手的时候，即2000—2001赛季的篮网队根本就是满手烂牌，史蒂芬·马布里是著名"独狼"，肯扬·马丁是新秀，基斯·范霍恩是软蛋，没法打，26胜56负结束赛季，之后的选秀大会挑中的7号新秀便是早就在另一个世界安息的姚明前队友——埃迪·格里芬。

最大妙手来自两笔交易：先是在 2001 年 6 月 27 日选秀当日送出埃迪·格里芬，从休斯敦火箭队得到布兰登·阿姆斯特朗、贾森·柯林斯、理查德·杰弗森；紧接着，7 月 18 日送出"独狼"、约翰尼·纽曼以及日后来中国打过 CBA 的索麦拉·萨马基、菲尼克斯太阳队的贾森·基德和克里斯·杜德利。裁的裁，补的补，三驾马车"贾森·基德＋肯扬·马丁＋理查德·杰弗森"初具规模，杰弗森暂打替补，两名老将克里·基特尔斯和基斯·范霍恩继续首发，中锋是"人肉炮弹"托德·麦库洛奇，一转眼的工夫常规赛便是 52 胜 30 负，接着便在人们的普遍怀疑中打进了总决赛。只是总决赛中的"三驾马车"和"OK组合"相比，还是非常稚嫩、非常羸弱的。

总决赛没有任何的意思，直接说科比。总决赛首战他拿下 22 分、6 次助攻，只能算是一般；第 2 场科比也只得到 24 分、8 个篮板，还是一般；第 3 场比赛双方很是胶着，科比打出 36 分、6 个篮板、4 次助攻的豪华表现，也是他整个系列赛中表现最好的一场；第 4 场，他甚至赛前便在更衣室中穿上了迈克尔·乔丹的球衣，但也只拿下 25 分、6 个篮板、8 次助攻，只能说是足够好。和"大鲨鱼"相比，他离总决赛 MVP 还有一段距离。

不过，科比·布莱恩特做到了，他像前辈迈克尔·乔丹一样拿下了三连冠的伟业。

在湖人队夺冠的游行中，他带着瓦妮莎，一切都是那么春风得意。

"第一个总冠军总是感觉最好的；第 2 个总冠军我们是战胜那么多困难才得到的，这让我感到非常地特别；而第 3 个总冠军让我们迈入伟大球队的行列。这就像是一篇小说，所以我感觉非常棒。"

夺冠后的科比这样说道。

　　三连冠时期的湖人队尽管也有内斗，但相比之前、之后发生的事情，团结程度也算是达到最高。事实证明，好的化学反应是一支王朝球队必须具备的气质。"在个人数据、MVP、总决赛MVP的争夺上我牺牲了许多。"多年后，谈到那时候的自己，科比·布莱恩特曾经这样回忆，"菲尔·杰克逊总是想让我们打出团队篮球，让我在通往总决赛的道路上接管比赛，但是真正到了总决赛中，东部的球队都没有什么中锋，所以我们必须主打沙克。这也是我愿意去做出牺牲的地方。想要让球队运转起来，你必须得去牺牲。"

　　三连冠，让"黑曼巴"幻想着能超越迈克尔·乔丹。他也曾希望自己能够拿到6座总冠军奖杯，但科比不知道，三连冠让湖人队有些飘飘然，曾经的王者之师马上就陷入苦苦挣扎。

MAMBA FOREVER

第五章

成长的代价

2002.6.26 - 2004.6.15

回头看,"OK组合"从现在开始就不再有什么突出成就了,但其中的"K",也就是科比·布莱恩特的个人能力开始全面展现。问题是: 他连续9场得分"40+"的过程中,湖人队战绩并不是很好,而2003-2004赛季总决赛的折戟他同样是头号责任人。这,是二次成长的代价。

传奇：9×40

经历了21世纪初无比美妙的三连冠，科比·布莱恩特及其所在的"紫金军团"多多少少有些洋洋得意、心不在焉，再加上"大鲨鱼"因脚趾伤势持续缺阵、角色球员年龄偏大等原因，湖人队在2002-2003赛季初打得并不顺畅。不过，这恰恰给了"黑曼巴"爆发的机会。

也正是2002-2003赛季，他萌生了担当湖人队老大的愿望。科比当老大？这样的意愿，对于科比个人是无比美妙的，但对于沙奎尔·奥尼尔以及他的洛杉矶湖人队，并不见得。

谁不希望四连冠军，进而超越迈克尔·乔丹？更何况，洛杉矶湖人队在2001-2002赛季决赛中横扫新泽西篮网队。为这个目标，"禅师"在阵容调整方面的策略基本不变：

一、成绩好，自然是很多年都没有高顺位的选秀权了，2002年6月26日，干脆在选秀大会的当日将挑中的29号新秀克里斯·杰弗里斯，连同在创建王朝的、赛季首发47场但从赛季后半段彻底沦为替补继而在季后赛被边缘化的双能卫林赛·亨特，以及2003年的次轮选秀权一并送走，从多伦多猛龙队换来特雷西·穆雷、卡里姆·拉什以及对方的次轮选秀权。

二、小修小补：接下来，续约自己的球员布莱恩特·肖，签得非选秀球员杰里米·帕戈。A.J.盖顿、索麦拉·萨马基、盖·卢克尔，自己人也好，别人也好，一进，一出，坚持到最后的是萨马基，但他12月6日还是被裁了——在打过13场比赛并且首发1场之后。到此为止，这就是整个2002-2003赛季洛杉矶湖人队全部的交易。

这么做的原因很简单：相信"OK组合"，相信角色球员在"OK组合"寻找机会就行了。

结果，2002-2003赛季的开局是"OK组合"创建以来最差的，2连败、4连败、3连败，12月份的战事结束竟然只是7胜13负，个中原因，客观而论主要是科比的"老大之心"：单看 2002 年 11 月，奥尼尔场均出手 17.0 次；科比则是惊人的 24.8 次，尽管有 4 场比赛得分"40+"，分别是 41 分、45 分、46 分、45 分，但与之对应的则是另一个神奇的数字：47 中 17、40 中 18、37 中 18、35 中 18，也仅有这 4 场的出手次数达到"35+"了。

不仅"大鲨鱼"，其他队友的出手机会也不多。

但随后在科比爆发性表现的率领下，湖人队逐步打出总冠军的风采。他的爆发是从 2003 年 2 月开始的，这个月，他甚至创造了连续 4 场得分"40+"的历史纪录，和伟大的迈克尔·乔丹同享荣耀。而至今，也难有人再复制或超越他们俩的传奇。

在回顾这段辉煌纪录之前，我们不妨先来看一看科比·布莱恩特的死对头拉贾·贝尔蔑视科比的言论。关于贝尔和科比，二人间最著名的段子便是这位防守悍将的"锁喉术"，但换角度思考问题：拉贾·贝尔之所以使出如此狠毒的招数，原因一是拿科比没办法，二是看科比得分就是不爽。

"科比拿到 40 分根本没有什么了不起的，任何人在出手 31 次的情况下都能拿到 40 分。"

贝尔曾在目睹科比拿到 40 分之后如此说。当然，他的说法确实代表了一部分人的想法，他们认为科比出手次数太多，拿高分没什么了不起。不过，NBA 的比赛毕竟不是玩《2K NBA》游戏，不可能让科比一直单打独斗，再说科比也是一位"胜利至上"的球星，因此，如果科比既能飙高分又能帮助球队赢球，那就不应该被批判了。这时的情况，就是 2003 年 2 月科比的这波连续 9 场"40+"，具体如下：

6 日：在对阵纽约尼克斯队的比赛中拿到 46 分、6 个篮板、3 次助攻，帮助湖人队以 114：109 战胜对手，从而开启了这段辉煌的砍分征程；

11 日：独得 42 分、5 次助攻，湖人队以 28 分的优势血洗丹佛掘金队；

12 日：狂揽 51 分，湖人队以 131：102 再次大胜丹佛掘金队；

14 日：拿到 44 分、6 个篮板、4 次助攻、4 次抢断的全面数据，但湖人队以 8 分劣势不敌圣安东尼奥马刺队；

16 日：拿到 40 分、5 个篮板、5 次助攻，但湖人队遭纽约尼克斯队复仇；

18 日：狂取 52 分、8 个篮板、7 次助攻、3 个盖帽，湖人队战胜休斯敦火箭队；

19 日和 21 日：科比都是刚刚好 40 分，湖人队分别战胜犹他爵士队和波特兰开拓者队；

23 日：拿到 41 分，湖人队战胜了西雅图超音速队（注：现在的俄克拉荷马雷霆队）。

整整 18 天，科比连续九场比赛砍下"40+"的得分，帮助湖人队取得 7 胜 2 负的战绩。在此，关于这段神奇的战绩还有三件事情需要补充：

第一，2 月 6 日前的 4 场比赛，科比分别拿下 40 分、38 分、42 分、35 分，湖人队 4 连胜；

第二，这段砍分潮结束后的 3 场比赛，科比又分别拿下 32 分、30 分、34 分，湖人队 2 胜 1 负，

第三，2 月 9 日的全明星赛，他在砍下 22 分的同时还成功破坏了迈克尔·乔丹的催情告别。

迈克尔·乔丹在令美国人民心理陷入恐慌的"9·11 恐怖袭击事件"之际复出，在此之前，他所获得的荣誉已经足够多了：6 座总冠军，6 座总决赛 MVP，5 座 MVP，10 次入选最佳阵容第一队，史无前例的 10 届得分王，至今，仍然分别以 30.12 分、33.45 分保持着常规赛和季后赛的每场平均得分历史纪录。在这样的大背景下，2003 年 2 月 9 日，亚特兰大的飞利浦球馆，这届明星赛的 MVP 应该就是迈克尔·乔丹——只要他愿意接受。

中场休息的时候，如日中天的女歌星玛丽亚·凯莉身穿 23 号球衣献唱《英雄》；常规比赛时间双方战平，第 1 个加时赛仅剩 4.8 秒的时候，迈克尔·乔丹在底线附近面对肖恩·马里昂的防守，以其标志性的动作后仰跳投命中，令东部明星队以 138：136 领先，如果就此结束，20 分的"飞人"很可能是全明星赛 MVP。但就在大家都认为乔丹的全明星赛完美谢幕的时候，西部明星队在极短时间里发动快攻反击，科比最后时刻投三分球不中，但制造了杰梅因·奥尼尔犯规，他 3 罚 2 中将比赛带入加时，然后是西部明星队在第 2 个加时赛取胜，凯文·加内特当选 MVP。

2015 年 12 月 2 日，科比·布莱恩特的"告别巡回演出"第 2 场就在华盛顿的主场——MCI 中心，就是当时迈克尔·乔丹的主场。

这次，同样的场景轮到"黑曼巴"来体会了。但这里的人们并不记仇，人们从他的身上仿佛又看到了"飞人"当年的影子，MCI 中心球馆变了——红白相间的奇才队主场俨然变成了紫金配色的湖人队主场，在一次中场暂停期间，球馆大屏幕上打出**"感谢你那不可思议的 20 年！"**送给科比。此时此刻，奇才队球迷全体起立，鼓掌，向科比致敬。而球馆里到处都是穿着湖人队 24 号球衣的球迷，每个人手上都举着标语，感谢科比为这个联盟付出的一切。

科比看在眼里，很是感激。"非常棒，很有趣，在自己的球迷面前打球感觉非常好，能够拥有这么多感谢和爱，这样的感觉真的太棒了。"为了回馈球迷们的支持，科比打出赛季开始以来最好的表现，得到 31 分，帮助湖人队以 108：104 险胜主队，终结湖人队的 7 连败。

"我还以为每个人都恨我呢。"赛后科比笑着说，"这真的很酷，伙计。我们都开心在打球——出场比赛，试图打出正确的能量。这是我们需要的一场胜利。"

奇才队众将并没有像他当年对待迈克尔·乔丹那样要刻意毁坏这次的告别演出，当家球星约翰·沃尔贡献 34 分、7 个篮板、11 次助攻，职业生涯首次打出背靠背的"30+10"，但是，每当自己的当家球星持球、罚球的时候，主场球迷却对他报以嘘声——投篮 19 中 11、罚球 12 中 9 的他如果不受这样的干扰而表现更好，会不会是另外的结果呢？——整个下半场双方都是均势的交替依靠，最大分差也就 6 分，还剩最后 52 秒时双方还是持平呢。

约翰·沃尔的妈妈来到现场，她很震惊主队球迷的表现，面对主场球迷一边倒地这样对待自己的儿子，不禁流下眼泪。她觉得自己的儿子并不是表现不好，只是因为今晚没有人的风头能够盖过科比——此时，如果科比回想 2003 年的全明星赛，不知他有何感想。

前面说过，科比在正式公布退役时间后打完主场，接下来便是 8 个客场：打完与自己纠葛不清的出生地费城，这场是华盛顿，接下来，12 月 4 日是亚特兰大——2003 年全明星赛的举办城市，当地球迷都曾经伤心过。不变的飞利普球场，赛前，主教练便表示他的队员们为科比的"认真的恋爱"做好准备：他派出最好的防守者——萨博·塞弗罗萨与科比对位。100：87，主队不仅赢得干脆，而且防得科比 19 投 4 中仅得 14 分。"我们要做的就是上场，打好比赛。"这支球队的核心艾尔·霍福德表示。

第 2 节开始前，大屏幕播放记录科比职业生涯辉煌的短片，"J博士"深情地说：

"我会在名人堂看到你。"

12 月 6 日，底特律，活塞队与科比·布莱恩特的故事还没开始呢……

回到 2002-2003 赛季，对于科比这段时间的疯狂，对手们也无话可说，心服口服。

"我们都已经把手贴在他的脸上，但他仍然能够投进，这太不可思议了，科比简直就没法防守。"当时还在波特兰开拓者队的邦奇·威尔斯被"黑曼巴"彻底征服。

而休斯敦火箭队的功勋教头鲁迪·汤姆贾诺维奇也使出了多种防守招数,但还是没能阻止住科比,赛后,老帅也直言科比不可阻挡:"我们想尽了所有办法,但他就是不可阻挡,这实在是令人难以置信。"

那时候的科比威风八面,不管你采用什么防守招数,都会被他一一破解,篮筐对于科比投出的球似乎有着令人难以想象的吸引力,或者说篮筐比大海还大,不管投篮的难度有多大,"黑曼巴"总是如有神助,总能命中。

当然,科比的高得分确实是以高出手数为前提的,这一点毋庸置疑,也难怪拉贾·贝尔会蔑视。

最关键的问题是,湖人队的队友们也不是个个都看得惯科比的。"科比越打越高兴,投篮越投越多,但并不是所有湖人队球员都为他鼓掌,有些人已经有些不满了。"就在当时,便有知情人士曾这么向媒体爆料,"毕竟科比的爆发影响了一部分球员的利益。但这又有什么办法呢,谁让科比是超级巨星呢?"

更糟糕的是,科比本人在创造神迹之后也有些洋洋得意,在更衣室中也更加活跃和霸气,虽然有些队友私底下表示各种看不惯,但也不得不表面上对科比的表现点赞。面对媒体和球迷的追捧,科比的回应是这样的:"能够追平迈克尔·乔丹的历史纪录当然非常兴奋,不过最让我高兴的是球队又找回了冠军的感觉,我们还会延续这种胜利态势,我们的目标是四连冠。"科比这么回应的时候,时间是全明星赛过后不久,NBA的"疯狂三月"还没有到来。

这时候,科比·布莱恩特信心爆棚,他仿佛看到了四连冠在向他招手……

四连冠梦碎

21世纪初的湖人队王朝时期，正是NBA西强东弱的代表性时期，谁能从西部联盟脱颖而出，谁就一只脚踏上了总冠军领奖台。科比·布莱恩特以及他所效力的洛杉矶湖人队已经连续三季捧得奥布莱恩杯，而意气风发的"黑曼巴"又怎么会向其他球队低头？那时候，四连冠才是科比的唯一追求。

科比个人的最好状态是在2月，湖人队的战绩是11胜3负，但毕竟是科比一个人的进攻；而湖人队的最好状态则是从3月开始的，此后他们的战绩是18胜7负，"大鲨鱼"睡醒了，大号两双乃至48分20个篮板之类的超级数据全都来了。50胜32负，湖人队以西部第五的身份进入季后赛，但大家似乎依然对湖人队有信心：

一是"大鲨鱼"已经被贴上季后赛球员的标签，二是科比的强势崛起。

之于科比，常规赛的磕磕绊绊并没有影响他的自信心，但很不幸，意外在季后赛发生了：首轮4：2（注：联盟首次在季后赛首轮采用7战4胜制）有惊无险地击败凯文·加内特领军的明尼苏达森林狼队，尽管常规赛季排名第四的对手拥有主场优势，但奈何不了科比的39分，更奈何不了奥尼尔的34分、23个篮板、6次助攻；次轮遇到圣安东尼奥马刺队——前文详述过这座城市、这支球队的恐怖之处，果然，蒂姆·邓肯挑大梁，宝刀未老的"海军上将"在背后发力，即使科比场均能砍下32.3分5.0个篮板3.7次助攻的豪华数据、奥尼尔上演场均25.3分14.3个篮板3.7次助攻2.8个盖帽的统治级表现，但湖人队仍然以总分2：4输给马刺队。那时候，科比彻底失望了，他在系列赛结束后伤心得流下了眼泪，也开始对之前的大哥沙奎尔·奥尼尔心生不满——尽管他自己的助攻次数从首轮的平均每场 6.7 次锐减到 3.7 次。

"这真的是科比非常渴望实现的目标，因为四连冠将会成为一道无人能够超越的坎儿。"这时候，连主教练菲尔·杰克逊也曾在输给马刺队后如此而论，算是为科比说话了。但"禅师"并没有责怪奥尼尔的意思，日后的自传中他甚至对"大鲨鱼"加以袒护。

科比却不同，在"黑曼巴"看来，2002–2003 赛季的洛杉矶湖人队之所以和四连冠失之交臂，就得怪一个人，就是：

沙奎尔·奥尼尔。

为什么？因为奥尼尔在三连冠后接受了右脚大脚趾手术，这让他缺席赛季开局的部分比赛，为日后挖下大坑——常规赛季湖人队没能拿到西部冠军。客观地说，在 21 世纪初没有今天的裁判报告，也不存在什么录像回放，季后赛的主场优势可是至关重要的。

更重要的则是在科比看来，奥尼尔的训练态度存在问题，并没有对"四连冠"充满十足的欲望。

科比的强烈欲望是有道理的，如果洛杉矶湖人队在 2002–2003 赛季完成四连冠的话，对他个人而言首先是四连冠，其次是他会捧起总决赛 MVP 奖杯，最后是凭此荣誉他将理所当然地从沙奎尔·奥尼尔手中夺取对湖人队的控制权。

试想，当你在拼尽全力试图实现一个伟大的目标时，你最出色的队友并不那么具有欲望，你会不会对他产生不满？更何况是对于永远不服输的科比·布莱恩特！他当然会把怨气全都撒在奥尼尔身上。而这，为科比和奥尼尔的日后分手埋下伏笔。

"科比确实太希望创造四连冠的历史了，虽然他年纪轻轻，但早就看不上沙克了。"陪着"OK 组合"见证三连冠荣誉的罗伯特·霍里曾经说道，"在科比看来，奥尼尔训练不积极，不够拼命，和他自己相比可是差远了。"

正如前文所说，2002-2003 赛季的 NBA 处于西强东弱的态势，圣安东尼奥马刺队在击败洛杉矶湖人队后，又在西部决赛中以 4：2 淘汰达拉斯独行侠队，成功杀入总决赛。而在总决赛当中，又是一个 4：2，马刺队击败再次杀进总决赛的新泽西篮网队，最终登顶。这也是大卫·罗宾逊的最后一座总冠军奖杯，此后，"海军上将"宣布退役，将接力棒传给当季的总决赛 MVP——蒂姆·邓肯。

当时很多人预料到了邓肯的未来不可阻挡，却没有多少人能预料到，科比·布莱恩特下一次碾压圣安东尼奥马刺队是多年之后，中间要历经波折。

MAMBA FOREVER

希望与失望

经历了 2002-2003 年的季后赛次轮输给圣安东尼奥马刺队的痛楚后，"紫金军团"的管理层也开始思考如何改变。而科比·布莱恩特和沙奎尔·奥尼尔，一对已经开始彼此抱怨、互相不满的球星也决定暂时搁置争议，求同存异——他们俩就像一对天天吵架的夫妻一样，依然勉强地凑合在一起生活，因为他们的目标还一样，还认为彼此需要对方。而当目标不一样，彼此也不需要对方，"离婚"的时候就到了，只是不需要闹到法庭、分割财产。

那么，为"OK 组合"配备更强的队友，就成为管理层最重要的任务了！这时候，米奇·库普切克自从完全接替杰里·韦斯特后将第一次接受考验，但真正担起重任的不是总经理，而是"大鲨鱼"。

在 2002-2003 赛季的次轮失利后，依然身为领袖的"大鲨鱼"便表态自己会对球队负责，宣称："我们需要新鲜血液，我们需要签下有实力的自由球员，希望明年我们能重返夺冠队伍的行列。"沙奎尔·奥尼尔说到做到，毕竟在"湖人队王朝"有许多走下坡路的全明星级球员都追随他圆了各自的总冠军梦想，包括格伦·莱斯、伊赛亚·莱德尔、米奇·里奇蒙德，而罗恩·哈珀、A.C. 格林、罗伯特·霍里、霍雷斯·格兰特等名将则在自己的收藏柜中又增加了一枚或数枚总冠军戒指，连德里克·费舍尔、里克·福克斯都品尝了王朝的滋味。一番游走，2003 年 7 月 16 日，奥尼尔一天之内搞定了两大传奇：卡尔·马龙和加里·佩顿。

虽然"邮差"已经 40 岁，"手套"也有 36 岁，但没有人怀疑这两位铁汉的能力、经验以及身体条件。最关键的是，他们分别只要了 150 万美元和 492 万美元的薪资，而刚刚结束的赛季，他们的薪资则分别是 1925 万美元和 1264 万美元，全联盟有多少球队拿着钱等他们签合同呢。

从此，"大鲨鱼"开始自封总经理，"嘿，哥们儿，告诉你们但别写出来，我才是这支球队的总经理呢……"

"科比·布莱恩特＋沙奎尔·奥尼尔＋卡尔·马龙＋加里·佩顿"

"F4组合"令全联盟为之震颤：这四位巨星未来必定是名人堂球星，他们走到一起，将会擦出什么样的火花？没有人不期待！接着，之前的老臣霍雷斯·格兰特和菲尔·杰克逊的老对手拜伦·拉塞尔前后脚来投，早先的选秀大会已挑中传奇中锋比尔·沃顿的儿子卢克·沃顿，后面又签下非选秀球员艾米·尤杜卡，雄赳赳，气昂昂，一个崭新的阵容直奔总冠军而去。

各大媒体以及博彩公司，都将这支豪华之师定为最大的夺冠热门，似乎其他球队都是为争夺第二名而来的。

科比也一样期待。"卡尔·马龙和加里·佩顿都是未来的名人堂球星，他们创造了太多荣耀，能够和他们成为队友，真的是我的荣幸。"科比在2003-2004赛季的训练营中曾如是说。这时候，他想到的是复仇，想到的是总冠军。

就像美国人总信奉神秘现象、信奉诅咒，所以有些案件永远无法结案，有些真相永远无法浮出水面一样，2003年的夏天，洛杉矶湖人队的怪异事件也接二连三地发生。

首先是科比性侵案。在2002-2003赛季结束的那天，科比就表态："我不会找任何的借口，对我而言，下赛季从今天就已经开始了。"但在7月4日，距离奥尼尔正式搞定两大巨星还有12天的时候，科罗拉多州的鹰县警方正式签署了对科比·布莱恩特的逮捕，因为此前一位名叫凯特琳·菲贝尔的女孩指控他强奸，而科比则坚持认为是通奸。全世界都为之震惊了！

伊拉克战争于2003年3月20日发动，这时候前线经常传回来美军将士牺牲的消息，被搞得不厌其烦地"禅师"甚至好言相劝整日围堵科比性侵案的记者们："你们为什么不去关心伊拉克战场呢，那地方更有意义啊？"

仅从打比赛的角度来看，对于向来争强好胜的科比而言，性侵案的影响并不大，甚至很有帮助：鹰县的法庭和斯台普斯中心以及其他的NBA赛场都有相当的距离，赛季开始后，科比因为参加听证会的缘故不得不两地奔波，但奇怪的是，每次赶场回来参加比赛时他总会有不可思议的高光时刻，为此，媒体专门送给他一个专用名词：赶场法则。但这对球队内部关系的影响是致命的，而首当其冲的又是现实中的球队老大——沙奎尔·奥尼尔。

更要命的是，科比在接受警方调查的时候情急之下脱口说出了"沙奎尔·奥尼尔"的名字以及"不爱训练，身材走样，之所以没出自己这样的事情是因为他玩妓女给了封口费，总数额高达100万美元"云云，言之凿凿。科比这么说本是为了解救自己，但不幸的是，档案外泄被媒体得到……

2003年9月，一天，沙奎尔·奥尼尔在自己家里的电视机前看ESPN的节目……后果非常严重：如果说之前他和奥尼尔之间的摩擦是小打小闹，那么这次，科比可是玩大了！

"大鲨鱼"怒不可遏，发誓要"杀了科比"。后来，二人见面的时候大动干戈，差点儿打起来，幸亏有工作人员及时阻止才避免了一场肉搏。这时候，管理层和菲尔·杰克逊也都意识到了事态严重，赶紧让已经退役一年的布莱恩·肖前往洛杉矶，担任"OK组合"的调停者，并会同格兰特、马龙、佩顿一起劝导奥尼尔，然后让科比与奥尼尔会面，这才慢慢平息。

第二件事情同样来自场外，却是必然的：2003-2004赛季结束，科比·布莱恩特和沙奎尔·奥尼尔的合同都到期了，两份亿元合同，开玩笑吧？但事实上，用"事后诸葛"的眼光看，他们确实都拿到了亿元合同。谁都知道"黑曼巴"不可能离开，他是杰里·巴斯的至爱，是票房保证，是未来；而"大鲨鱼"正在走下坡路……

迟迟未能提前签续约，"大鲨鱼"在炫耀自己"出任湖人队总经理"

的成就时还不断施压，一次，赢球并拿到好数据后，直接对着电视镜头嚷嚷开了：钱，钱，钱！给我钱，给我钱！

而菲尔·杰克逊的合同也到期了，他狮子大开口索要 1200 万美元的年薪。矛盾成堆，问题成堆，但 NBA 有一条不成文的规则：赢球化解所有矛盾，解决所有问题。

卡尔·马龙和加里·佩顿虽然年龄太大，但二人确实非常有经验，常规赛季他们分别拿到 13.2 分 8.7 个篮板 3.9 次助攻、14.6 分 4.2 个篮板 5.5 次助攻，一代巨星的背影仍在。尽管马龙只打了 42 场，尽管湖人队从 2003 年 12 月中旬到 2004 年 2 月初有过低迷，但接下来，5 连胜、11 连胜，再以 2 连胜收官：首轮以 4：1 击溃姚明所在的休斯敦火箭队；次轮在 0：2 落后的时刻，由已经是"老鱼"的德里克·费舍尔实现了 0.4 秒绝杀，并最终以 4：2 神奇逆转圣安东尼奥马刺队；西部决赛以 4：2 击败凯文·加内特率领的首次闯过首轮的明尼苏达森林狼队；面对东部联盟的平民球队——底特律活塞队，似乎，现在……该是设想如何庆祝游行的时刻了。

那时候，几乎全世界都没有人看好——底特律活塞队。

底特律活塞队？

底特律活塞队！

关于这支球队的故事，估计听闻"坏孩子军团"就吓破胆了。现在，我再以亲身经历说说这座城市的可怕之处吧。

我驻美采访 NBA 后跑的第 1 个客场就是底特律。时间记得非常清晰，2004 年 11 月的第 4 个星期四——11 月 26 日，当全美国人民都大啖火鸡肉的时候，热火队要赶到这里打"感恩大战"。联盟这么安排是有原因的：2003-2004 赛季的总决赛，底特律活塞队对阵洛杉矶湖人队……

一般来说，客队必须在比赛头一天赶到主队所在城市，媒体人员也是如此。从底特律机场出来后的第一感觉：底特律的可怕天气确实名不虚传，雨夹雪，又冷又湿。我从阳光明媚的迈阿密来，只穿了一件 T 恤加牛仔服，马上翻出所有能穿的厚衣服统统穿上。机场距离市区确实不是一般的远，开了 50 分钟才到传说中的奥本山宫殿球馆，一路上，空气中飘满了火鸡的味道，各大商场的第一主角也是火鸡。

这也是我继奥兰多的 TD 水屋中心与迈阿密的美联航体育馆之后造访的第 3 座 NBA 球馆，实话实说，这里的氛围是前两座比不了的。而且，在我来之前不久，亦即 11 月 19 日，这支球队刚刚本色演出震惊全球的"奥本山宫殿球场群殴事件"——相信老资格的球迷们应该都印象深刻吧。除了对打架的主角罗恩·阿泰斯特和小奥尼尔施以重罚，活塞队首发中锋本·华莱士也被禁赛 6 场，但免于被起诉。这时候，我便来切切实实感受全联盟上座率最好的球馆之一为什么球场火爆气氛堪称可怕了。

球场爆满不会出乎我的意料，但论说气氛可怕，首先是因为这里的非洲裔美国人过多，其次是他们太过狂野。随便举个例子，坐在热火队替补席后的几个球迷整场比赛都在骂奥尼尔。

一个球迷甚至冲着"大鲨鱼"的背影大声喊："沙克，科比在哪儿？你想他了，你肯定想他了！"奥尼尔采取不理不睬的策略，却挡不住无数球迷潮水般的言语攻击。"嘿，沙克，你这辈子也别想得到总冠军了，因为你自己根本就没那本事！""沙克，我们能把你治得服服帖帖，有本事你把那些球罚进呀……"光说不练不算真本事，无数球迷举着告示牌。其中，一个告示牌被大屏幕捕捉到，立即引来全场欢呼："沙克，今年 6 月在底特律过得很好吧？可惜明年你不到 6 月就要放假了。"奥尼尔抬头在大屏幕里看见了那大牌子，却假装没看见，毫无表情。

然后，轮到热火队总裁帕特·莱利了——他们之间可是无仇无怨啊。"莱利你的头油抹得太多啦！""莱利你比迈克·道格拉斯难看多啦，别模仿人家啦。"莱利明明听得清楚，也只能假装没听见。

赛场上没表情不代表场下也不说话。赛后奥尼尔在更衣室里终于对底特律球迷做出了回应："我跟你们说吧，刚才那些挑衅我的球迷其实都是不折不扣的大怂包。如果哪天我走在大街上，周围又没有目击者，你看看有哪个球迷敢过来跟我挑衅？"他还在球员通道与当年"坏孩子"之一的里克·马洪寒暄几句，这才上了球队大巴。

我的切身体会是：如果你是真正的活塞队支持者，奥本山宫殿球馆就是天堂，你可以在这里尽情发泄你对活塞队的热爱与对客队的痛恨；但如果你是个中立者，这里则会让你感到很压抑，有种喘不过气的感觉，而如果你恰巧是客队拥趸，那么，这里真是还不如地狱，珍惜生命，远离是非之地，还是回家看电视吧。

我至今记得，那场"感恩大战"的结果是活塞队依靠理查德·汉密尔顿最后一秒的篮下打板得分，以1分险胜热火队。赛后，回酒店一看，好家伙，笔记本电脑居然已经冻住了，连盖子都打不开了。没错，11月的奥本山宫殿球馆有多狂热，底特律就有多寒冷。

这地方，岂是以贵族气质打底的"紫金军团"能来的地方？

1：4，输得体无完肤，但输球的是洛杉矶湖人队而不是底特律活塞队。

最终结果就是这么出人意料，整个系列赛过程几乎就看不到湖人队有翻盘的希望。撇开对手的强与弱，单说湖人队，客观方面的原因确实是存在的：首先是"邮差"，在"天使城"无数次发表感人宣言的"邮差"，整个职业生涯都以硬汉著称的"邮差"，对总冠军的渴望天下皆知并为此做出巨大牺牲的"邮差"，偏偏在来了洛杉矶后经常"不送信"，前面说过常规赛季他只打了42场，本来是攒着力气打季后赛乃至总决赛的，并且季后赛也有过单场30分、11个篮板的表现，"两双"不能说"手到擒来，家常便饭"，但那也是经常有的。孰料，一只受伤的膝盖硬撑到了总决赛已经是状态全无，第4战再次扭伤，之前的季后赛出场时间一般都在"40+"的他只打了18分钟，第5战只打了21分钟，伤势加重，决定湖人队是生是死的第6战干脆不上场了，眼睁睁地看着自己的球队被淘汰、自己的梦想被碾碎，四场比赛下来平均只有 5.0 分、7.3 个篮板、2.3 次助攻，而且，篮板主要是前两场所抢，足够悲情。

已经步入 33 岁的中年男人"大鲨鱼"也是说到做到，不再孩子气，尽管没有之前的超级统治力与稳定性，但考虑到对方阵营拥有本·华莱士和拉希德·华莱士的内线组合，替补席上还有湖人队前队友埃尔登·坎贝尔以及日后入选全明星阵容的土耳其中锋梅米特·奥库尔，34 分 11 个篮板、29 分 7 个篮板、14 分 8 个篮板、36 分 20 个篮板、20 分 8 个篮板，也还过得去。但是一旦控制球权的科比做出错误选择，"大鲨鱼"就无可奈何了。以数据最好的第 4 战为例，苦战 47 分钟的"大鲨鱼"委实拼了，21 投 16 中狂砍 36 分 20 个篮板，但当只剩最后的 6 分 03 秒，当科比重回球场后他只出手两次，尽管全部命中，但也救不了湖人队。气急之下，当科比连续两次做出错误的投篮选择后，"大鲨鱼"朝着他怒吼。

科比这边，除了这两次错误的投篮选择，还在对昌西·比卢普斯送上罚球线的同时吃到技术犯规，被抢断。再说上半场时，他总共出手 14 次，用 *ESPN* 记者的原话说："很多机会是既不明智也偏离篮筐太远。"25 分、33 分、11 分、20 分、24 分，但命中率仅 38.1%。最大亮点来自砍得 33 分的第 2 场，常规时间还剩 2.1 秒时的一记三分球将比分追平，湖人队获得打加时赛的机会，然后，科比 4 分、奥尼尔 6 分，其他队友 0 分，仅是"OK 组合"便在进攻端解决了战斗。

可惜，这样的比赛有且只有一场。

梦想到此为止。

休赛期结束，新赛季开始，身披热战袍的"大鲨鱼"在最寒冷的天气、最燥热的球馆与这样的敌人打一场"感恩大战"，你现在能体会他当时的感受吧？

冲冠梦碎，也意味着"湖人队王朝"就此分崩离析，有些人注定要离开了。尤为可惜的是，21 世纪迄今为止唯一的王朝球队以如此荒诞的方式结束。

"K 老大？"

任何球队都要更新换代，都要进行"新陈代谢"，都需要在危机时刻做出改变。在接连两个赛季无缘总冠军后，2004 年的夏天，洛杉矶湖人队开始做出改变。而科比·布莱恩特却给湖人队留下了一道艰难的选择题：科比·布莱恩特还是沙奎尔·奥尼尔？

实际上，只是做出选择的时刻是比较痛苦的，至于如何选择则是非常简单的，因为科比才是未来。不难理解，杰里·巴斯最终的选择是科比·布莱恩特！

科比不仅仅比奥尼尔年轻，而且他的身高、体重以及打球方式更具市场号召力，他在奥尼尔身边已经成长为绝对巨星，未来不可限量。此外，科比职业生涯就是从湖人队起步的，双方都有一种不言自明的"忠诚感"，而奥尼尔则是"闯入者"。这样的观点，直到今天依然左右着湖人队以及洛杉矶人甚至是"紫金军团"的球迷对于他们的不同评价。放弃沙奎尔·奥尼尔，并不难理解。如今看来，这样的决定首先在政治上是正确的，而且方向、方法同样是正确的："黑曼巴"不仅再为湖人队添加两座总冠军奖杯，而且效忠湖人队 20 个赛季，退役时已经升任球队历史的头号明星了。

与奥尼尔一起离开的还有"禅师"。菲尔·杰克逊索要高薪未果，而据日后他的自传透露，他的离开也跟科比·布莱恩特有很大关系，而且首当其冲的是发生在鹰县的性侵案——杰克逊的女儿也有被性侵的经历——从此，"禅师"对他另眼相看甚至厌恶。尽管"禅师"对自己当时的做法有些后悔，但就如同科比逼走奥尼尔，发生的事就是发生了，不可追回。

"禅师"卸任，休斯敦火箭队的功勋教头鲁迪·汤姆贾诺维奇走马上任。

而在沙奎尔·奥尼尔离开后，科比·布莱恩特终于名副其实地当上了球队老大。只不过，"老大"身边的队友们名气实在是太小了：曾经的快船队老大拉马尔·奥多姆在迈阿密被打成了"二当家的"；浑身是伤但一头硬卷发依然在的布莱恩·格兰特再也铁血不起来；签回弗拉德·迪瓦茨；一路追随"大鲨鱼"的老将加里·佩顿和里克·福克斯以及 1 个 2006 年首轮选秀权被送到波士顿，换来组织后卫查基·阿特金斯、2000 年 7 号新秀的中锋克里斯·米姆以及杰梅因·琼斯；卡里姆·拉什被用来换取选秀权；德文·乔治、斯坦尼斯拉夫·梅德维登科、布莱恩·库克这三名角色球员还在；两名新人分别是卢克·沃顿和萨沙·乌贾西奇。再随便签几名球员凑足阵容，在科比的带领下开始征战 2004-2005 赛季。

这样的阵容当然制造不了多大动静。因此，"K 老大"之路从开局就是不顺畅的，而 2004-2005 赛季的湖人队最终也只取得 34 胜 48 负的战绩，位列西部第 11——最近的 11 个赛季以来首次无缘季后赛，最近的 29 个赛季以来第 2 次无缘季后赛，甚至被部分极端评论认为是湖人队历史最差的赛季。而在湖人队总经理米奇·库普切克看来，2004-2005 赛季是湖人队最艰难的时期。

> **"没事，我们还年轻，非常有潜力。我相信有朝一日，我一定能率领湖人队走上最高领奖台，虽然不是现在，但一定会在不久的将来实现。"**

在 2004-2005 赛季结束的时候，科比的这句话在当时听来似乎是笑谈。但那时候，科比·布莱恩特雄心万丈，既因为沙奎尔·奥尼尔终于离开洛杉矶了，也因为科比·布莱恩特从不服输。

"大鲨鱼东游"

谁都知道"大鲨鱼"的实力和使用价值，所以他并不愁下家，只是离开洛杉矶有些影响心情罢了。

按惯例，肯定不能让他留在西部联盟，以避免成为自己的总冠军竞争对手——尽管湖人队自己前路未卜。于是，2004 年 7 月 14 日，湖人队与热火队完成了交易，"大鲨鱼"被送到迈阿密，换来了卡隆·巴特勒、拉玛尔·奥多姆、布莱恩·格兰特以及 1 个 2006 年的首轮选秀权、1 个 2007 年的次轮选秀权。这笔交易再次震动全世界，被定义为"大鲨鱼东游"。此时，他的合同还剩最后一年，总薪金高达 2770 万美元，高居联盟第一。

相反，被交易后的"大亚里士多德"并没有太过痛苦，反而一如既往地幽默与轻松。虽然他对交易闭口不谈，但所有人都清楚，奥尼尔心中满怀着愤懑。

果然，2005 年，奥尼尔在一次采访中对湖人队高层进行了炮轰，他表示，杰里·巴斯是一个"不诚实的商人"，因为对方曾经承诺过，会在卖掉奥尼尔之后告诉他理由，但一切都是谎言。当然，对于为何会被交易，奥尼尔也是心知肚明的："大家都知道是怎么回事，他（杰里·巴斯）必须做出抉择，到底是捧那个年轻小子，还是跟一个老家伙站在一起。他做出了决定。祝他好运。"——答案揭晓了，沙奎尔·奥尼尔为何会在被交易后非常轻松？为何面对媒体仍然嬉皮笑脸？为何还录制搞笑自拍视频？因为他早已做好了离开的准备，离开科比·布莱恩特，离开湖人队，离开洛杉矶。

2004-2005 赛季的"大鲨鱼"尽管走下坡路，但依然是巅峰期，而且兴起于 20 世纪 80 年代中后期的中锋热潮更是渐渐褪去本色：哈基姆·奥拉朱旺、帕特里克·尤因、大卫·罗宾逊都已经退役；只会防守的迪肯贝·穆托姆博、西奥·拉特利夫都靠边站；1992 年的选秀大会排在"大鲨鱼"

身后以2号新秀身份进入联盟的阿朗佐·莫宁因肾而命运突变，打打停停，四处奔忙；德怀特·霍华德又太年轻了。放眼全联盟，"大鲨鱼"也没什么竞争对手。那么，换个地方打球并不是什么大不了的事情，何况迈阿密是全美最值得安居的城市。而当他来到热火队时，遇到的是进入联盟才1个赛季的德怀恩·韦德，这时候，奥尼尔的记忆一下子回到了1996年的夏天，那时候的科比·布莱恩特也是才刚刚进入联盟，仍然稚气未脱。但此时的"闪电侠"和彼时的"黑曼巴"完全不同，他并没有思考太多自己在球队地位的问题，奥尼尔就轻松了不少。

而迈阿密，也正是嘻嘻哈哈的"大鲨鱼"理想中的居留之地。

这座城市，也是我长期驻采NBA后的第1个主场，日后，勒布朗·詹姆斯、克里斯·波什也都来了，经常占据着全球最宜居城市排行榜的前几位，现在，我得写写它的无穷魅力了。

詹姆斯曾亲口透露，2011年夏天做出"决定"要"将自己的天赋带到南海滩"，不惜离开克利夫兰投奔迈阿密被骂"叛徒"，总冠军是一方面，迈阿密的气候也是一个因素。去过迈阿密的人一定相信他此言非虚，因为这里的天气实在太好了。

佛罗里达州本来就是美国最著名的度假与养老之地。很多美国人一到冬天就搬来住几个月，很多老年人更是选择退休后定居此地。迈阿密位于佛罗里达最南部，自然也就成了该州最温暖的城市。

诚然，迈阿密的夏天绝对不能用"温暖"来形容，可以说很"热"——就是热火队的队名。但由于天气阴晴不定，一会儿下雨，一会儿大太阳，所以这里的热既不是得克萨斯州夏天的那种"桑拿天"，也不似菲尼克斯那种沙漠般的暴晒干热。

由于所处的独特地理位置，迈阿密一年四季都会阴晴不定——上午可能还晴空万里，中午就来场暴雨，下午又万里无云了。所以，这里的夏天不会太难熬，而到了冬天就优势明显。美国一半多的城市冬天都会很冷，刮风、下雪、天寒地冻。迈阿密的冬天则很舒服，T恤外面套件衬衫足矣。

美国人甚至来自全世界的游客都向往迈阿密，天气是一个原因，但不是全部原因。詹姆斯当年在电视上宣布加盟热火队的决定时说："我将把我的天赋带到南海滩，加盟迈阿密热火队。"他所提到的南海滩就是迈阿密最著名的沙滩之一。

作为全世界最知名的海滩之一，南海滩不仅有美丽的自然风光，还有夜晚才开张的各种酒吧与夜店。白天的南海滩适合戏水，碧绿色的海水比美国西海岸的漂亮不少；到了夜晚的南海滩，中间的马路两侧，一边是沙滩，一边是酒吧街，更是让人流连忘返。NBA 其他球队去迈阿密打客场的时候，很多球员会在比赛日的前一天晚上去南海滩逛逛。

除了南海滩，迈阿密往南开车 3 小时有一个小岛，名叫西锁岛。这里是美国最南端的陆地，再往南开能看见的陆地就属于古巴了。这座小岛上有美国著名作家欧内斯特·海明威的故居，据说，那本传世佳作《老人与海》就是在这里得到的灵感。从迈阿密往小岛上开，途经一个世界最长的跨海大桥，在上面开车给人一种在海上开车的感觉，风景美不胜收。

如果在西锁岛上玩得还不过瘾，可以从那里再坐游轮继续南下。一个多小时后，可以看到一个监狱岛，现在，虽然已从监狱变为景点，但当年这里关的都是重刑犯。关在这里并不是为了让这些犯人欣赏美景，而是因为该岛距离最近的陆地坐船最少要一个半小时，不怕他们越狱。

西锁岛是一个让人永远都去不腻的地方，除了长驻采访，这些年我先后去过迈阿密 10 多次，几乎每次都会重游这座美丽如画的小岛。每次上岛后，或者租个小摩托车环岛漫无目的地开；或者坐船去监狱岛；或者戴上面罩趴在海面上浮潜，看各种热带鱼和海鱼。也难怪沙奎尔·奥尼尔加盟热火队后马上就在西锁岛附近买了一座私人小岛，即使每个晚上比赛结束后先坐车再坐船才能到家，他也乐此不疲。

迈阿密的阳光与海滩的确打动过无数人，沙奎尔·奥尼尔和勒布朗·詹姆斯只是其中之二。而在这样的美妙环境中，他们也都拿到了NBA 总冠军。

第六章

鹰县事件

2003.6.30

这或许是科比整个职业生涯，最具有争议的事件。他发生在场外，但影响着他的场内。这件事在一段时间内一直困扰着科比，所以书写科比，这一部分内容不能回避。

诱惑无处不在

关于球员的私生活我们不应该评价太多，但科比这次显然是属于公共生活的范畴了。

在世界篮坛，迈克尔·乔丹是"神",而科比·布莱恩特是"黑曼巴",退一步说，即使"神"也曾经传出各种各样的场外新闻，有证据的没有证据的，被告上法庭的没有被告上法庭的，要求做 DNA 亲子鉴定的不需要做 DNA 亲子鉴定的，但神奇的是，所有官司"神"都赢了。只是传闻的黄金俱乐部以及与首任妻子不能白头偕老，一时令他的崇拜者有些失落，可最终他还是重新赢回了祝福。

我的意思是，凡人都会犯错，迈克尔·乔丹如此，科比·布莱恩特亦是如此。不仅如此，他甚至走得更远，玩得更大，差点毁掉职业生涯，毁掉人生。这就是震惊世界的"鹰县事件"。

这起案件，拿到整个社会上来说只是一桩普通案件，但对于科比这样的名人就是大事儿了。这起案件的背景，还要先说说 NBA 这个圈子以及与之相关的情色生活。

首先得了解的，是"骨肉皮"。

骨肉皮，英语单词是 Groupie，指的是一群追求与明星——可以是体育明星、歌星、影星等——发生关系的追星族。NBA 球员无疑是这个世界上最受关注的群体之一，一个个身强力壮且腰缠万贯，不管到哪儿都备受追捧，愿意主动投怀送抱的女孩子数不胜数。开个玩笑，如果你是威尔特·张伯伦、埃尔文·约翰逊、迈克尔·乔丹或者科比·布莱恩特这样的超级球星，那么送上门的"骨肉皮"可要排起长龙了，纵是正人君子也难保你不快意接受。

对于 NBA 球星来说，诱惑无所不在，他们在球场上是无法发泄所有精力的，而那些"骨肉皮"就成了他们最好的发泄工具。凡人总有七情六欲，要想抵御爱欲的诱惑并不容易，即便是那些成了家的球星，往往也会失控中招，成为"骨肉皮"的裙下臣。

"骨肉皮"也是无处不在，无时不在，你可以在球馆、酒店、酒吧、夜店等场所看到她们的踪影，艳遇指数最高的地点是在球队下榻的酒店和球员们玩乐的夜店。据说，但凡有 NBA 球队下榻的酒店大堂就是"骨肉皮"最密集的地方，你总能在这儿看到各色美女。有的球员更喜欢到客场打比赛，至于原因，你懂的。那些经验丰富的"骨肉皮"也深知勾引客队球员的把握更大，科比当年也是在"客场"中招。

NBA 球员与"骨肉皮"之间的关系复杂，我们已经无从分辨到底谁是谁的猎物，总之，各取所需，绝大多数玩的就是一夜风流，速战速决，绝不拖泥带水。女方有修成球星正妻的。男方如威尔特·张伯伦，号称与两万名女性有染，其中有一些夸张的成分。再如"魔术师"，风流成性终染艾滋病，纵使保住了性命，但在 31 岁的最美好年纪骤然终止了自己的职业生涯，终止了他自己创立的SHOWTIME，终止了他与"飞人"才刚刚开始的对抗。再如丹尼斯·罗德曼，当然他与麦当娜的故事大半成分是美谈。而现在的 NBA 联盟领军人物则是詹姆斯·哈登，"夜店小王子"的称号在圈内圈外不胫而走，是好是坏各自见解不同，结果如何也不得而知。但是，总趋势是一代不如一代。

凡事都可能成为双刃剑，NBA 球星在享受鱼水之欢的同时，并没有想过这么做可能给自己带来的各种后果，撇开"大北斗星"和"魔术师"，比较常见的则是私生子成群，典型例子是肖恩·坎普，到处播种，导致多达 11 名私生子，巨额抚养费支出最终导致这位亿万富翁破产；排在他后面的是"魔兽"，到目前为止是 8 个；然后是卡尔·马龙，就是涉嫌调戏科比爱妻瓦妮莎从而与科比决裂的"邮差"，他的私生女打上了WNBA；然后是拉里·伯德……传说 NBA 联盟平均每名球员 1 个私生子。

球星们想的更多的只是"今朝有酒今朝醉"，即使是对待篮球的时候意志坚强如钢的科比·布莱恩特，离了球场也难逃情欲纠葛。

笔录外泄

一切，都要从 2003 年 6 月 30 日说起。

这个时间，是鹰县事件最早的时间线索。

2003 年 6 月 30 日，NBA 已经进入休赛期了，长年累月的征战让科比的膝盖伤势加重，当晚 10 时到达科罗拉多州的埃德沃兹地区（注：隶属鹰县）一家温泉旅馆疗养度假并准备动手术。次日，一位名叫凯特琳·菲贝尔的 19 岁姑娘，也是这家旅馆的前台服务员向当地警方报案，称科比·布莱恩特对其进行了性侵犯。7 月 2 日，科比在科罗拉多接受了名医理查德·斯蒂曼主刀的膝部手术。

就在科比动手术的当天，鹰县警方正式介入此案的调查。科比接受问询的不少细节在事后都被公之于众，满足了公众对这些八卦事件的窥私欲，但同时也令科比形象尽毁。

不过，在警方最初问询的时候，科比还一度否认自己与凯特琳有染，但调查人员告知科比已经有证据证明他们俩发生过性关系时，科比这才改口承认，但他指出，他在房间里先受到了凯特琳的勾引才发生性关系。

"这是完全自愿的。"科比强调。

"是什么会让你认为她是自愿的？"警官丹·洛瓦发问。

"因为是她先亲吻了我，然后就俯下身……"科比说道，过了一会儿，他继续描述细节，"我们一开始也就这么亲密，她起身亲吻了我，所以我也回吻了她。之后你知道的，我开始抚摸她的身体，她开始把手放在我的身上、敏感部位或者其他地方，就是这样的情况。"

科比表示，他愿意接受测谎仪的检测，以证明自己没有撒谎。科比还否认他要求凯特琳不要把这次艳遇到处宣扬，而凯特琳在证词中曾经提到过科比要求她守口如瓶。

科比还提到，凯特琳向他展示了自己背部的一处音符或是乐器图案的文身，并一发不可收拾，他们就发生了性行为。在性行为的过程中，科比还要求凯特琳配合，但凯特琳拒绝了科比的某些要求，最后双方停了下来。

"这是自愿的，没有任何奇怪的地方，你们应该知道我的意思。"科比继续为自己辩护。

"她是否有说过些什么使得你们发生了性行为？"另外一位参与调查的警官道格·温特斯问道。

"她说她……希望我可以这么做。"科比回答。

洛瓦警官告诉科比，那位女服务员在事后发现下体出血。科比听到后显得非常惊讶，因为他表示当时没有看到任何血迹，衣物上非常干净；但随后调查人员在衣物上提取到了凯特琳的血样。

当被问到凯特琳是如何离开科比的房间时，科比说她并没有哭，只是要了科比的签名，穿上衣服后亲吻了科比，随后就离开了。但是在凯特琳的证词中就提到自己曾经哭泣，并且至少说了两次"不"，她说科比叫她离开前要把自己收拾干净。一位名叫博比·皮特拉克的旅馆工作人员也告诉调查人员，凯特琳当晚看上去有些沮丧，衣服和头发都凌乱不堪，并且还告诉他科比逼迫她与其发生性关系。不过，旅馆中还有一位名叫特丽娜·麦凯恩的审计员则给出截然相反的证词，她说当晚凯特琳离开旅馆回家时看上去非常正常，没有任何异常的情况。

科比还承认，自己与另外一位名叫米歇尔的女子有过多次类似行为，显然，这是针对凯特琳脖子上有伤痕的解释。那时候，科比与瓦妮莎结婚才两年，大女儿五个月大，科比对警方的调查人员透露，瓦妮莎并不知道他在外面有其他女人。事已至此，他非常担心警方的调查会外泄，害怕此事会毁掉自己的婚姻与职业生涯。

"有什么办法可以让我搞定这事？不管什么办法。"科比问。

"好吧，你所说的搞定指的是什么？"温特斯回答。

"如果我的妻子发现这些针对我的指控，她会非常愤怒。"科比说道。

不过，科比的担心最终还是成了现实，神通广大的媒体很快就拿到了科比笔录的复印件，他们只是省略掉了一些敏感词，把科比与调查人员的对话公之于众。虽然美联社第一时间发布的并非完整版，但已经足够震撼，这条新闻让体育圈炸开了锅。检方律师约翰·克伦拒绝对所谓的"笔录复印件"发表看法，但他对泄密提出了严厉批评。

更严重的问题则是，在这份曝光的笔录材料中除了许多露骨的性描述外，还有一些内容引发了极大的争议，那就是科比把沙奎尔·奥尼尔给扯了进来，让"大鲨鱼"躺枪。据称，科比当时询问温特斯警官是否能够用一笔钱让那个女孩闭嘴，因为据他所知，"某个NBA球员"曾经用100万美元摆平过类似的麻烦。但随后，笔录被进一步揭秘，原来，温特斯警官在笔录上写的并不是"某个NBA球员"，而是"沙奎尔·奥尼尔"，也就是说，科比·布莱恩特出卖了沙奎尔·奥尼尔，称他之前也惹上过类似的麻烦，但他用钱解决了问题。

当时外界还不知道笔录，但在9月份，奥尼尔才在看电视时得知了此事，可以想象到当时的奥尼尔暴跳如雷的样子。

奥尼尔直截了当地做出回应："科比的话荒谬可笑，我可从来没有

科比的这一举动让"OK 组合"原本就不太和睦的关系雪上加霜。

和科比一起出去过，不管是去哪里。我们在一起打球有七八年的时间，但我们的交往仅仅限于球场上，球场外我们没什么联系。所以，科比根本没有可能知道我平时做什么。最后说一句：我从来没有光顾过那些地方，更不要说付100万美元的封口费了。科比是我们球队唯一用钱买春的家伙！"

听证会

在做完笔录的两天后，也就是 2003 年 7 月 4 日，鹰县警方乔·霍伊签署了对科比的逮捕令，科比不得不从洛杉矶飞回鹰县，主动配合警方，在缴纳了 2.5 万美元的保释金之后很快被释放。7 月 18 日，鹰县控方律师办公室正式提起了针对科比·布莱恩特性侵的起诉，如果被宣判有罪，那么科比将要面临牢狱之灾，将有可能坐牢 4 年，或者被判 20 年至终身的缓刑外加 75 万美元罚款。

就在当日，科比召开了新闻发布会，他否认了自己强奸原告。

令人意外并感动的是，这时候，科比的妻子瓦妮莎陪同其丈夫出席了新闻发布会，科比当面含泪承认自己与原告通奸的事实，但他一再强调二人是自愿的，不存在任何胁迫。

事后，凯特琳·菲贝尔告知自己的朋友，她无法相信瓦妮莎竟然出来力挺科比，似乎对科比的通奸行为一点儿也不在意。这个细节，又是出自一位自称是凯特琳的同学兼朋友，名叫卢克·贝雷的知情人接受《丹佛邮报》采访时所说，他爆料了不少此案的相关细节，不过，真实程度并没有得到最终证实。

根据卢克·贝雷的讲述，凯特琳·菲贝尔在旅馆的前台工作，当科比抵达旅馆的时候已经是晚上 10 时，第一次与科比接触时就有些"化学反应"，当科比要求凯特琳带他到度假村四处转转的时候，凯特琳对自己能受到科比关注而心花怒放，但那时候的科比表现得极有绅士风度。在二人绕着度假村闲逛的时候，科比主动邀请凯特琳到他的房间去。"凯特琳想过要拒绝，但她觉得当时科比的表现很不错，她认为就算去也很安全。"贝雷说道，"虽然凯特琳还在当班，但当时已经很晚了，手头的工作并不忙。"于是凯特琳就接受了科比的邀请。

"凯特琳告诉我，当她告诉科比就要离开回到前台工作时，科比的态度就变了，之后就成了一个疯狂的故事。"贝雷侃侃而谈。

贝雷透露，凯特琳离开科比房间的时候显然是受到了惊吓，她径直就开车回了家。就在第2天，凯特琳告诉母亲和朋友昨晚所发生的一切，母亲就跟凯特琳说："你被强奸了。"中午时分，凯特琳与自己的父母来到了鹰县警察局报案，称自己遭到科比性侵。

"凯特琳受到了惊吓，她一直都拒绝接受这样的现实，对所发生的事情感到无法相信。"贝雷表示。

随后，凯特琳在电视上看到了科比举办的新闻发布会，他在发布会上承认自己与凯特琳通奸，但绝对没有强奸行为。"凯特琳无法相信科比的妻子竟然坐在身边，看起来她对所谓的'通奸'也丝毫不在意。"贝雷对记者这样描述。

17岁的萨拉·达布内尔是凯特琳在鹰县高中唱诗班的伙伴，她质问："为什么一个女人会让自己陷入这样的事情中？是想让所有人都知道她的名字吗？我认为她只是想要看到公平，她并没有想拉科比下水。"

科比为了能够从泥潭脱身自然是倾尽全力，据统计，他前前后后一共聘请了64人来帮助自己打官司。科比所聘请的一位名叫苏珊·埃斯蒂奇的辩护律师可是个狠角色，为了能够打赢官司，无所不用其极，把女服务员凯特琳·菲贝尔的祖宗十八代都调查个遍，挖出所谓的一堆"滥交"旧账，指出凯特琳有过黑历史，完全就不是良家少女。此外，还提出查看凯特琳的精神状况记录，暗示凯特琳的精神状况不健康。

埃斯蒂奇律师的大招还是起到了作用，凯特琳只不过是一位19岁的女孩，什么时候经历过这样的阵仗？埃斯蒂奇通过媒体推波助澜，把凯特琳私生活的方方面面都曝光在公众面前，这让凯特琳完全无法忍受，之后的撤诉，显然也有这方面的原因。

当然，预审听证会才是控辩双方交手的主战场。辩方一直都在质疑原告凯特琳报案的真实性，一个重大发现成了他们最重要的武器，也为科比最终脱罪奠定了最坚实的基础：在10月的听证会上，科比律师团的首席律师帕梅拉·麦基揭发，原告所提供的证据之一——内裤上竟然发现了另一个男人的精液和体毛。这个发现让原告的证据链出现了松动，因为这说明原告身上所出现的伤痕以及血迹有可能是其他男人所造成，而不完全指向科比。麦基趁热打铁，直指原告的所有证词都不可信。"这是一个基本建立在谎言上的案子，非常罕见。"麦基说道。当然，凯特琳对辩方的揭发做出了回应，她表示，这是因为她从脏衣篓中拿错了内裤，因此才造成了乌龙事件。

结果，这次的听证会成了控方彻头彻尾的灾难，辩方缜密连贯的发问让控方明显招架不住。麦基甚至毫不费力就让温特斯警官承认，原告当晚所穿内裤上的精液来自另外一个男人，毛发确定是来自白人，这可是对科比大大有利的证据。

科比的律师团得知，原告在所谓的被科比性侵后，很快又与另外一位男性发生了性关系。麦基律师暗示原告在体检过程中所发现的受伤处可能源自多次性交行为，内裤的检测结果为科比脱罪提供了强有力的佐证。

由于听证会有媒体的参与，出于对原告隐私的考虑，在听证会上原本是禁止曝光原告姓名的，然而，麦基律师可不是省油的灯，她明知故犯，一共 6 次叫出了原告姓名，并对原告的性生活史提出了质疑，这样的做法一度导致法官中断了听证会。控方检察官对麦基非常不满，认为麦基是在处心积虑抹黑原告的形象。

要想在美国成为大律师，并且在这样极具影响力的案子中被科比聘请，律师团的那些成员自然是有两把刷子的。辩方律师们八仙过海，各显神通，充分发挥狗仔精神，他们通过多方查证，得知原告精神状态并不太正常，案发前 6 个月还曾经入院接受了精神分裂症的治疗。他们甚至从原告身边找到了能够为科比提供有利证言的证人，一位证人就出庭举证，证实原告曾经两次试图服用大量安眠药自杀。这位证人还不依不饶，指出原告有妄想症，曾经参加过选秀节目《美国偶像》，但没能晋级。

好像一切都变得对科比有利起来了，但也并不是所有的证据都

对科比有利，控方手中依然还有撒手锏。证据显示，科比在事发当晚所穿的 T 恤上有三处原告的血迹——根据 DNA 检测这并非原告的经血，原告在两周前就来过月经了。在控方看来，性交过程中流血这能证明当时存在暴力行为的可能。

科比团队的律师对原告指控湖人队王牌的动机进行了分析，他们认为原告纯粹只是为了引起前男友的关注。如果这确实是原告的动机，那么还有什么能比控告科比·布莱恩特这样的巨星强奸自己更能吸引眼球呢？毕竟案发之后全世界的媒体都在关注此事，没有比这更有眼球效应的了。

整个 2003-2004 赛季，身背官司的科比都要在球场与科罗拉多法院之间来回奔波。"那段时间非常艰难，让我烦恼的是，人们都说我的官司给队友和球队制造了很多麻烦。"科比表示，"我要注意？注意什么？因为你要不停地往返两地回答问题？这就是我的生活，人们都看到了。我不需要注意，我不认为上场打球然后回答一些法庭的问题是一件难事。"

尽管科比并不愿意承认，但鹰县事件显然给湖人队全队带来了困扰，那时湖人队的"F4 组合"才刚刚组建，与科比关系微妙的"大鲨鱼"也借机发难。湖人队的季前赛训练营安排在夏威夷，当时科比还没有与全队会合，然而，奥尼尔却声称"全队已经集结完毕"。季前赛期间，当奥尼尔脚伤康复时，他又向媒体放话："为了德里克·费舍尔、卡尔·马龙和加里·佩顿，我正在努力恢复健康。"**毫无疑问，奥尼尔故意漏掉了一个名字：科比·布莱恩特，以表达对这位队友的不满。显然，他还对"100 万美元"耿耿于怀。**

科比在 2003-2004 赛季的季前赛中几乎没有怎么训练，但他依然在季前赛保持高出手，于是，沙奎尔·奥尼尔公开建议他应该在膝盖完全康复之前学会分享球权，却遭到科比的无视，科比找到"禅师",要求"禅师"让奥尼尔管好自己的嘴巴。

不过，科比似乎并没有搞清楚状况，因为当时的"禅师"也对科比卷入性侵案愤愤不平。

在"禅师"所出版的书中，他就谈到科比性侵案后自己的心境。"禅师"透露自己的女儿曾经在事件发生前也遭受过性侵，这使得他在刚得知鹰县事件后非常气愤，他开始用别样的眼光来审视科比，导致二人关系近乎破裂。

"科比那件事发生之后，我觉得就和我女儿的遭遇差不多。"杰克逊回忆说，"当时她不仅被按倒，而且差点窒息。不过现在看来，当时我对科比的态度可能受到了极端情绪的影响。科比遇到这件事后我当晚没有立即联系他，在他最需要关心和陪伴的情况下，我没有选择和他站在一起。这对他来说非常艰难，而且他当时刚做完膝盖手术。"

之后的事态越发失控，科比通过记者回击了奥尼尔，称沙克应该先管好自己；奥尼尔则反唇相讥："如果他不喜欢，可以选择跳出现有合同。"他们俩在媒体上大打口水战，都因此收到了当时的总经理米奇·库普切克的警告。科比接受 ESPN 采访的时候还指责奥尼尔太胖，太幼稚，缺乏职业精神，他还抱怨在鹰县事件发生后奥尼尔从来都没有表达过对自己的支持，如果跳出合同的话，那么一定是因为沙奎尔·奥尼尔。这时候，在湖人队未来的计划中他开始渐渐地比奥尼尔重要了。

撤销指控

美国的八卦媒体无孔不入，尤其是在洛杉矶这座城市，有着太多的娱乐大咖和体育明星，"OK 组合"都生活在聚光灯之下，任何举动都会被放在放大镜之下检视，更何况是鹰县事件这样的头条题材。2003年 10 月 23 日，湖人队在加州本地打季前赛，瓦妮莎现身，当即就引来了狗仔队的疯狂追逐，他们甚至要追进洗手间采访。如果不是因为保镖阻挡，瓦妮莎连上洗手间都要提心吊胆。

然而，第 2 天，关于瓦妮莎的报道还是上了各大媒体，这让科比异常愤怒，他认为媒体可以纠缠他，但绝对不能去骚扰自己的妻子。

"我不想看到她的名字出现在报道中，我不喜欢她受到任何的评判。"

要说鹰县事件完全没有给瓦妮莎造成多大影响，也是不可能的。科比在其个人纪录片《缪斯》中就透露，当时瓦妮莎本来怀有身孕，但那段时间由于压力过大而导致流产，这让科比非常后悔没能很好地保护家人。

"当时我们正期待第 2 个孩子的诞生，但那件事给瓦妮莎带来了太多压力，最后导致她流产。我很难去接受这个事实，因为我知道那是我咎由自取。要去接受这个悲剧对我们来说太艰难了。我无法逃避。一切都是因为我，所以我必须面对。我一辈子都忘不掉。"

"2003 年，当时我的处境非常艰难。我想保护好自己的家庭，并为此付出努力；我想赢得总冠军，想要保持专注。有时候我感觉那段时间没有尽头，永远都不会结束。经历这样的事情会让人变得很无助。"

正所谓"攘外必先安内"，科比·布莱恩特也深知这个道理。在鹰县事件后，科比更加地注重家庭，为了向瓦妮莎表忠心，他在右臂上纹了瓦妮莎的名字、蝴蝶王冠（注：瓦妮莎的拉丁文意思即为"蝴蝶"）以及《圣经》赞美诗第 25 章的字样（注：是赞美妻子的诗篇）。当然，物质上的补偿自然也是必不可少，科比对瓦妮莎的大度心存感激，他一掷千金，买下了价值400万美元的紫钻送给妻子。

"当时我忽略了最重要的事情，那就是家庭。一个男人要做的就是保护好自己的家人，成为家庭的支柱。从这个角度来说，我非常失败。"

时间就在漫长的诉讼期中流逝，转眼就到了2004年下半年。就在案子判决前几周，身为原告的凯特琳·菲贝尔给调查人员格里·桑德博格写了一封道歉信，她承认在接受警方调查时做了一些虚假的陈述，但她指出，这么做的原因是希望警察能够相信她。

"亲爱的桑德博格先生，我有一些事情必须要告诉您。在过去一年多中，这些事情始终压在我的心里。去年温特斯警官问我为什么会在那天迟到，因为那天我睡过头了。但我撒了谎，我说是因为车出了问题。如果我实话实说，害怕别人不会相信我在前一天遭到性侵，就是这么简单。还有就是我告诉温特斯警官，当时科比强迫我把脸洗干净，这也并非事实。

"我非常抱歉，我知道这些陈述会误导别人，而我当时这么做，是因为温特斯似乎不相信在我身上发生的一切，仿佛是我夸大了一切。另外我要说的是，科比对我说过一些非常丢脸的话，这些话我当时并没有说，因为这太难堪了。虽然这不能改变些什么，但我还是希望您能够知道。"

站在名人的立场上，科比·布莱恩特的生活几乎全都被毁了，但人和人是平等的，是公平的，与科比·布莱恩特相比，这个案子对弱势的一方面——凯特琳·菲贝尔的影响要大得多。凯特琳的母亲也曾经向法官写过信，描述了女儿窘迫的生活状况。

"先生们，我想告诉你们我的女儿的生活已经变成什么样子。我想你们都知道了，已经有三个人因为威胁她的人身安全而被逮捕。通过电话、信件、电邮等方式威胁她的人不计其数，她不仅无法安静生活，甚至安全都无法得到保障。在过去的6个月里，我女儿先后在四个州生活，但不管到哪里总有媒体跟在她身后，媒体的跟随很快让所有人都知道她是谁。

"在她找到工作的第2天，老板就因为蜂拥而至的记者而解雇了她，她都无法安静地在餐馆吃完一顿晚餐。我女儿要继续她的生活，继续她的学业，她对人生有自己的计划，希望这一切可以尽快结束。"

要知道10多年前没有社交媒体，就连网络也并非十分发达，凯特琳·菲贝尔都能被记者逼得无处藏身，如果换成现在，分分钟被网民人肉搜索，恐怕只有逃往火星才能彻底摆脱。

不得不说，"黑曼巴"花大价钱聘请的律师团队没白请，他们的一系列连环战术终究还是起到了效果。在经过长达一年半的拉锯战后，原告在外界压力下放弃继续出庭指证科比·布莱恩特。在这样的情况下，2004年9月1日，鹰县当地法院法官特里·鲁特里格宣布撤销对科比的强奸指控。虽然刑事指控被撤销，但科比依然将要面临民事诉讼。

"很高兴法院能够还我清白。我能体会到她的感受，我愿意向她说对不起。"此时，科比打破了沉默。

鹰县事件对于参与各方来说都是折磨——当然，除了科比的律师团成员——所有参与者都花费了大量人力、物力、财力。光是起诉方花费的账单就接近40万美元，科比聘请律师团队的费用没有被公开，但据媒体估计，花费恐怕要超过1200万美元。

全民公敌

2004 年 9 月 2 日，科比通过媒体发表了自己的道歉信。

首先，我想要直接向卷入事件的那位年轻女孩道歉，为那天晚上我的行为以及过去一年里她所承受的不幸表示歉意。虽然这一年对于我个人来说是非常艰难的一年，我可以想象她经历了更多难以承受的痛苦。我还想向她的父母、家人以及我的家人、朋友和球迷，还有科罗拉多州鹰县的公众表示歉意。

我还要澄清一点：我没有质疑过那个女孩的动机，我没有给过她钱，她已经同意我今天的这份声明将不会在之后的民事诉讼中用来针对我。虽然我真的认为和她的行为是相互自愿的，但我现在意识到自己和她对此事的看法有很大的不同。这几个月我一直在对相关情节进行回忆，听了她律师的说法，甚至听了她本人的证词，我现在可以理解她的感受，知道她对于和我的接触并不是情愿的。

我今天发表这个声明已经完全意识到这个案件可以画上句号，而另一部分还在继续。我知道民事诉讼还将继续，诉讼结果将完全取决于双方当事人，不会给科罗拉多州的公众再造成财政以及情感上的消耗。

至于科比的道歉信是否出于真心，我们不得而知，值得一提的是，这时候，倒是他的一位前队友站出来炮轰"黑曼巴"，称他并不是真心诚意向原告道歉。"科比经过了激烈的思想斗争，他根本不想做出任何让步，但他的律师和一些家人要求他这么做，目的是想让对手撤销强奸指控。"不过，这位向记者爆料的前队友采取了匿名方式。

鹰县事件让科比·布莱恩特的公众形象一落千丈，有人把他和曾经因强奸案入狱的拳王迈克·泰森画等号，认为这是职业体育的道德大衰败，一些极端的科黑甚至用"强奸犯"这样的称谓来给科比扣帽子。那时的科比在打比赛时，往往要同时面对着场内与场外的不同对手：在任何一个客场，他都成了全民公敌，面对着几乎要把屋顶掀翻的谩骂与诅咒；场上的每一分钟都是煎熬。尤其是丹佛球迷，更是无比痛恨科比，每当科比前来打客场，球迷都会用各式各样的标语来讽刺他。精神上的压力与来回奔波的体能消耗让科比在 2003-2004 赛季状态低迷，场均只得到 24.0 分，这是从 2000-2001 赛季到 2012-2013 赛季之间 13 个赛季的最低值。

在最艰难的日子里，不少赞助商抛弃了科比，纷纷与其撇清关系，其中就包括麦当劳、可口可乐这样的大公司，科比失去了大量优质代言合同，当年他场外收入直线下滑 50%，至少损失数百万美元。

科比深陷性侵案件，甚至让 NBA 也头疼不已。联盟一直都在着力培养"后乔丹时代"的领军人物，科比是他们最看好的招牌。鹰县事件让 NBA 方面措手不及，他的球衣销量一度从第一滑落到第五，人气指数迅速下滑。NBA 在 2003-2004 赛季还为湖人队安排了 33 场全美直播，如果科比被判有罪入狱，联盟将要蒙受巨大损失，好在科比幸运脱罪，让各方都长舒了一口气。

在之后的民事诉讼中，科比与凯特琳·菲贝尔的角力继续上演，原告的两位律师频频游走于各大广播公司的脱口秀节目，为民事诉讼造势。科比的团队也在向外放话，指责原告方狮子大开口，要价太高。为了能够得到更多赔偿，原告甚至把案子的起诉地点移到了加利福尼亚州，原因在于根据科罗拉多州法律，原告获得赔偿金最多不能超过 73.3 万美元，这样的数字显然无法让原告方满意，他们索要的远超科罗拉多州的上限。

漫长的肥皂剧终于在 2005 年宣告终结，科比与原告方达成和解，这笔和解费用的具体数字并没有对外界公布，只是律师称双方对和解协议的条件都非常满意。这笔费用对于科比来说也许并不算什么，而且据称也是由保险公司来买单，但对于原告来说绝对是一笔大钱，坊间传闻高达 500 万美元，但并没有得到证实。

如果说 2009-2010 赛季科比拿到第 5 冠是他职业生涯的珠穆朗玛

峰，那么鹰县事件完全可以算得上他生涯中的马里亚纳海沟。由于受到鹰县事件的影响，湖人队精心打造的"F4组合"溃败，科比·布莱恩特与沙奎尔·奥尼尔的"OK组合"也相忘于江湖，再加上科比个人声望降到最低点，场外商业价值锐减，科比经历了职业生涯最黑暗的时期。然而，凡事皆有两面性，尽管这成了他这一辈子也无法抹去的污点，但经历这一系列的挫折也让科比逐渐走向成熟，"黑曼巴"迎来了质的蜕变。

在鹰县事件发生后的第10年，菲尔·杰克逊旧事重提，谈及了当年的科比。"禅师"坦言一直都在和女友珍妮·巴斯讨论科比是否有罪，珍妮认为科比是清白的，而"禅师"则认为科比有罪，因为科比总是习惯把自己的意愿强加给别人。"禅师"甚至并不讳言科比在2003年的真实写照：不受欢迎且令人难以忍受。

"科比是个自我主义者，他会孤独终老。"

而现在，"禅师"则又坦言，多少有些后悔当初对待科比的方式。当时"禅师"还一度向湖人队管理层逼宫，称如果科比还在球队的话他就不再执教球队，而最终结果就是赛季结束后"禅师"离队。

时间是抚平伤口最好的良药，随着时间的推移，鹰县事件不管对于科比还是"禅师"来说，都成了慢慢消散的烟尘，往事如烟，直到再次相遇，一笑泯恩仇。

第七章

"后奥尼尔时代"

2004.7.14 – 2007.5.2

"OK 组合"，这对 NBA 历史上最强之一的双人组几乎用自杀的方式决裂。一段时间内，湖人队陷入无比黑暗之中，而科比，将个人英雄主义演绎到了极致。

如果不分手

每个人都需要成长，都需要为成长付出代价，而科比也不例外，那么不如安安静静地欣赏科比的个人表演吧。这样的表演同样是史无前例的惊心动魄、荡气回肠。

科比·布莱恩特与沙奎尔·奥尼尔的性格都过于强势，所谓"一山难容二虎"，湖人队王朝的三连冠这一巨大成绩掩盖了太多的问题。其实，在"F4"最初组合的那个暑假，即2003年的夏天，"OK组合"就已经是貌合神离，兄弟俩谁也不服谁，"大鲨鱼"不愿像当年的阿卜杜尔-贾巴尔让位给约翰逊那样，但为了总冠军，双方还在维系着脆弱的和平相处，至少表面是这样的。而2003-2004赛季的总决赛中，貌似强大的"F4"被活塞队的"坏孩子军团"揍得屁滚尿流，颜面扫地，一切都现出了原形。

前面说过，在2002-2003赛季的失利后，科比·布莱恩特与沙奎尔·奥尼尔都主动将责任揽在自己身上；而这次"OK组合"则是彻底摊牌，大打口水战，双方都认为对方要为总决赛的惨败负责。于是，湖人队王朝如同建在沙滩上的城堡，一瞬间就分崩离析。科比与奥尼尔无法再继续共存，杰里·巴斯能做的是一道"2选1"的单项选择题——考虑到两人的年龄以及未来对市场与票房的影响力，简直就是"1选1"，湖人队选择了更为年轻的科比，把奥尼尔重新发配回了东部联盟。自此，湖人队开始了"后奥尼尔时代"，洛杉矶成了科比·布莱恩特一个人的天下。

所谓"成者为王，败者为寇"，沙奎尔·奥尼尔只能收拾行囊，黯然离去。但他的阴影始终笼罩在洛杉矶的上空，无论科比如何努力，都是欲走还留，挥之不去。

在"OK组合"之前，最近的一个湖人队王朝，就是20世纪80年代由一代巨星"魔术师"约翰逊领衔主演以及"天勾"贾巴尔、鲍勃·麦卡杜、肯特·兰比斯、迈克尔·库珀、米奇·库普切克、贾马尔·韦尔克斯、诺姆·尼克松、拜伦·斯科特、詹姆斯·沃西、A.C.格林等明星参演的SHOWTIME，帕特·莱利是总导演，一时辉煌无比。所谓"天有不测风云"，在"魔术师"因感染艾滋病毒而提前退役后，"紫金军团"一时群龙无首，陷入了数个赛季的低迷，好不容易通过交易科比·布莱恩特和沙奎尔·奥尼尔这样的神来之笔，重建了湖人队王朝，没想到一次总决赛的失利就能让新的王朝瞬间解体，一切从头再来。

而对整个NBA联盟而言，"OK组合"的散伙也让NBA陷入了群雄割据的时代，其中，最大受益者莫过于西部劲旅圣安东尼奥马刺队。在"OK组合"存在时，他们就已经在1998–1999赛季、2002–2003赛季夺取总冠军并挥别大卫·罗宾逊，之后，他们延续了自己的"奇数年定律"，再在2004–2005赛季、2006–2007赛季夺得两冠，再加上"O"和"K"或退役或靠边站的2013–2014赛季再次夺冠，总冠军达到惊人的5座。更令人感觉恐怖的还有：第一，他们至今处于强队的行列；第二，自从蒂姆·邓肯进入联盟以来，除了因停摆而缩减比赛场次的两个赛季，他们单赛季赢球最少的也有50场，胜率是61.0%——对其他球队来说，这是一道有着相当难度的坎儿。

此外，菲尼克斯太阳队、克利夫兰骑士队等传统弱队先后占据NBA舞台的中心，一部分的原因也是拜"OK组合"以及湖人队王朝自毁长城所赐。

一句话，如果不是2004年夏天"OK组合"闹崩，21世纪的NBA格局很可能不会是现在的模样，这对NBA史上最强之一的双人组几乎用自杀的方式决裂。

堡垒总是从内部攻破的，这句话是对当年湖人队的真实写照。

沙奎尔·奥尼尔在回忆这段关系时是这么说的："很多事情和话是我想要收回的。我说过想被交易，我当然不想离开洛杉矶，但你知道自己在这个行业里就必须这么说话，特别当你认为自己已经掌控局面时。我不想离开洛杉矶这座城市，很多话都是一时的气话，我改变了自己的想法。你知道，我们赢得了 3 座总冠军。"

　　而当时只有 26 岁的科比·布莱恩特更是年轻气盛，而且个性也更张扬，但到了 2015 年，职业生涯暮年的"黑曼巴"对世事的看法也自然不同，谈到昔日的大哥，他深刻地自我反省，对自己年少轻狂的言行而感到后悔，并不认为当年的自己是全对的，而当年的"大鲨鱼"也许不见得是全错的。

　　"当你说那些话的时候，你是当真的。但随着年龄的增长，你有了更多的思考与看法，然后你会觉得'糟糕，当我还是个孩子的时候，我就是个白痴。'那时候，对我来说最重要的事情就是让别人闭嘴，但你没必要把这些事告诉媒体，而是应该关起门来。虽然我和沙克有争执与分歧，我认为那些争吵不应该被公布出来，我希望这是能够避免的。但这在我们这里形成了飓风。而且，舆论和媒体也给我们施加了巨大压力。"

　　但这时候，再次谈到与沙奎尔·奥尼尔的关系，科比非常坦率，没有丝毫的拐弯抹角，他与奥尼尔的关系定位为"并非朋友"。这是科比的可爱之处，不仅对奥尼尔，对自己的父母都是如此，直截了当。

　　科比坦言，自己有强迫症，他与奥尼尔共存的基础就在于需要合作，然而他们所要努力的方向在后来出现了不小的分歧。在科比看来，如果当初没有与奥尼尔分手，他的职业生涯也许会有 7 座总冠军，而不是现在的 5 座总冠军。

黑暗

再回头说 2004-2005 赛季的"洛杉矶故事",关于"黑暗"与"黑暗崛起"的故事,掺杂了金钱、背叛、绯闻、低落、人生导师、重修旧好、个人英雄主义以及英雄再世等系列插曲。而这系列的故事与插曲,又只是一部更宏大作品的开篇部分。

是的,沙奎尔·奥尼尔离开了,但以他当时依然强悍的成就、球场统治力与影响力,他依然是 NBA 故事的主角,至少是主角之一。

毫无意外,科比·布莱恩特在 2004－2005 赛季承受了铺天盖地的批评,外界几乎一致认为:科比·布莱恩特,就是湖人队王朝解体的罪魁祸首;科比·布莱恩特,必须要为失败透顶的 2003－2004 赛季承担责任。

此时,以"众叛亲离"这样的词语都难以描述他当时的艰难。

对科比打击力度最大的自然是奥尼尔,大众甚至通过说唱音乐来调侃、嘲讽、讥笑乃至侮辱、咒骂他,当然,还有他在迈阿密的表现:刚到南海滩的时候,一句"我要让德怀恩拿到总冠军"令全美国乃至全世界笑掉大牙,你有没有搞错啊? 2003 年选秀的"超白金时代"可只有"勒布朗·詹姆斯 VS 卡梅隆·安东尼",甚至只有"勒布朗·詹姆斯";克里斯·波什在多伦多算是坐实了老大;而德怀恩·韦德,在惊天大交易发生前还难说是"大当家的"还是"二当家的"呢,毕竟,奥多姆实力还在,之前他是习惯于"大当家的"角色,到了季后赛"闪电侠"才翻身。再说,2003-2004 赛季打进东部季后赛次轮,一方面是西强东弱,另一方面是"黑马"。退一步说,韦德的新秀年常规赛季只有16.2分、4.0个篮板、4.5次助攻;季后赛首轮下降到 15.4 分、4.0 个篮板、5.6 次助攻;东部半决赛才上升为 21.0 分、4.0 个篮板、5.6 次助攻,但毕竟是 2:4 输给了印第安纳步行者队,输球的数据水分较多,不算数,看整个赛季老大是奥多姆,看常规赛甚至连埃迪·琼斯都压着他。退一万步说，得到"大鲨鱼"的热火队内里全空，连未来的选秀权都没了，就只剩"大鲨鱼"和"闪电侠"，这种情况下"大鲨鱼"还要让"闪电侠"拿到总冠军，不是开玩笑是什么？不是荒诞又能是什么？但接下来的赛季……故事太长，而且日后必定与"黑曼巴"有交集，且慢慢说吧。

对科比打击最意想不到的一股力量则是来自菲尔·杰克逊，甚至，比"大鲨鱼"更大，毕竟他的威望和中立的立场使几乎全世界都相信他所说的。在"禅师"所著的《终极赛季：一支寻找灵魂的球队》一书中，他把科比批得体无完肤，他提到科比极为自私，甚至给科比贴上了"不可调教"的标签。"禅师"在书中曝光了关于科比的各种猛料，比如：科比能在教练布置战术时若无其事地打电话；抱怨湖人队对奥尼尔太宽容；曾经因为队友背后的议论大发雷霆；用续约威胁湖人队老板，要求送走奥尼尔等。**这些猛料把昔日弟子送上了风口浪尖，让外界认识到了科比不为人熟知的黑暗面。**

"是的，很多时候我能感受到科比的恨意。我确定科比对我在自传中说他难以调教而感到愤怒。的确，我们长时间对立，他想要更多自由，而我希望他更遵守纪律，这通常是教练和球员之间发生矛盾的原因。"菲尔·杰克逊说。

在"禅师"离去后，鲁迪·汤姆贾诺维奇接过了教鞭，但由于健康原因，在执教了 43 场比赛、取得 24 胜 19 负的战绩后匆匆离职。作为救火队员，汤姆贾诺维奇接近 56% 的胜率虽然说不上有多好，但处于过渡期的湖人队还能有怎样的要求？关键是在此期间，科比·布莱恩特尽管也有过 6 次单场得分"40+"，但单场出手次数"30+"只有 5 次，最多也就 33 次；4 次打出三双，曾经有过背靠背的三双；曾经连续 4 次助攻次数达到"10+"。一个标准的以团队利益为主导的领袖。

如果按照这样的胜率打下去，湖人队杀入季后赛应该不成问题，科比也许不会是日后的科比。不过，遗憾的是，汤帅的健康问题改变了一切，洛杉矶也成了他整个执教生涯的最后一站：公开理由是膀胱癌，但也有猜测是他与科比·布莱恩特不和。

接替汤帅上任的是助理教练弗兰克·汉伯伦，之前，他也是菲尔·杰克逊的助理教练。与汤姆贾诺维奇这位两连冠的功勋教头相比，汉伯伦的资历实在是弱得可怜，在接手临时主帅前，他只有 1991—1992 赛季在密尔沃基雄鹿队担任临时主教练的履历，而他带队的战绩仅有可怜的 23 胜 43 负。毫无疑问，临时换帅让处于重建期的湖人队雪上加霜。汉伯伦上任后湖人队的战绩是 10 胜 29 负，胜率不足 26%，直接把"紫金军团"带进了阴沟，"后奥尼尔时代"的第 1 个赛季败得很彻底。

而奥尼尔所在的热火队，一对光杆，前期能签的自由球员只有迈克尔·多列亚克、肯扬·杜林、达蒙·琼斯、韦斯利·佩森等无名之辈，随后，又显示出了奥尼尔是全联盟"首席总经理"的重要性，克里斯蒂安·莱特纳、萨顿·安德森、史蒂夫·史密斯、阿朗佐·莫宁等过气球星纷纷来投，4 连胜开局，12 月初开始打出一波 14 连胜，2005 年 2 月初开始一波 7 连胜，月底又开始一波 12 连胜，最终以 59 胜 23 负排东部联盟第一、全联盟第二。谁说不可能夺冠？不仅可能，而且是夺冠热门。

进入季后赛的他们更热了，4∶0、4∶0，成大热门了。但接下来的东部决赛面对底特律活塞队，先输 1 场，再赢 2 场，又输 1 场，2∶2，尤为可惜的是，已经成长为球队老大的德怀恩·韦德在第 3 节便受伤，得到 15 分后就退出比赛了，依靠奥尼尔等队友的努力他们打赢了天王山之战，以大比分 3∶2 领先，但第 6 战韦德缺阵，抢七战受伤病影响不在状态，之前拿"35+"易如反掌的他替补上场只得到 20 分，拼去老命的"大鲨鱼"拿下 27 分、9 个篮板、1 次助攻、2 次抢断、3 个盖帽，还剩 12 秒时，他的二分球将比分追成 82∶84，还剩 4 秒时韦德的三分球偏出，竞争结束，奥尼尔再次输给了活塞队，旧伤未愈，又添一道鲜血淋漓的新伤。

如果不是这次的受伤，今天的德怀恩·韦德、今天的沙奎尔·奥尼尔、今天的 NBA 又会是什么样的呢？但历史不存在假设。

黑暗 & 黑暗

不过，无论是鲁迪·汤姆贾诺维奇还是汉伯伦，在湖人队主教练的位子上，他们都只是匆匆过客。这一切，注定了"后奥尼尔时代"的湖人队处于风雨飘摇之中。其实，如果观察科比的职业生涯轨迹可以看得出，他是一位非常"挑教练"的球员，他的5座总冠军都是在"禅师"手下拿到的，而与其他主教练的合作均以失败收场，不仅包括了"禅师"之前的德尔·哈里斯、比尔·贝卡特、肯特·兰比斯，还包括了他之后的迈克·布朗、伯尼·比克斯塔夫、迈克·德安东尼、拜伦·斯科特，无论是之前的老友还是名帅，都是失败的，这是宿命。因此，"难以调教"这样的标签直到科比职业生涯结束都无法被证伪。

但是，与其他NBA巨星相比，科比·布莱恩特遇到"禅师"无疑是幸运的，遇到"大鲨鱼"同样是幸运的。查尔斯·巴克利、卡尔·马龙、约翰·斯托克顿、帕特里克·尤因、埃尔金·贝勒……多少伟大的名字整个职业生涯都在苦苦挣扎，欲求一枚总冠军戒指而不得。而科比，进入NBA的第4个赛季就如愿夺冠，并且是三连冠——在整个NBA历史也只是第5次出现的三连冠。

在"后奥尼尔时代"到来前，可以说，科比的大部分时间都在品尝胜利的滋味，这可以追溯到他的高中时代。

前面已经说过，科比在15岁的时候就已经是劳尔·梅里恩高中的超级明星，他当年带队打出了20胜5负的战绩，胜率高达

80.0%；而在他四年的高中生涯中，劳尔·梅里恩高中的总战绩是 93 胜 19 负，胜率高达 83.0%，拿到了高中联赛的州冠军，此外，他高中时期的得分甚至超越了威尔特·张伯伦。那时的科比·布莱恩特春风得意，以至于可以邀请 R&B 明星布兰迪·诺伍德参加他的毕业舞会，其风头一时无二。

18 岁时登陆 NBA，虽然菜鸟赛季大部分时间都只能作为替补出战，场均只有 15.5 分钟的出场时间，但 1996–1997 赛季的湖人队战绩是 56 胜 26 负，也就是说从他的新秀赛季开始，科比一直都在延续着自己的胜利，一步步攀向高峰。然而，2004–2005 赛季湖人队是 34 胜 48 负，胜率只有 41.5%，连季后赛的边都摸不着，不仅仅科比失落，对比"大鲨鱼"在迈阿密掀起的大风大浪，外界开始全面质疑杰里·巴斯当初的选择：赶走"沙奎尔·奥尼尔"而留下科比·布莱恩特，真的靠谱吗？

单论科比个人，2004–2005 赛季场均能够攻下 27.6 分，排名全联盟第二，另有 5.9 个篮板、6.0 次助攻的表现，但一个人毕竟是孤掌难鸣，身边缺少强有力的支援：最好的帮手也只不过是尚年轻的拉马尔·奥多姆和卡隆·巴特勒，就连克里斯·米姆之流都占据了球队主力中锋的位置，查基·阿特金斯这样的"酱油男"也打满 82 场首发……

球队的整体表现差强人意，也影响了人们对科比的评价，这个赛季只是入围了最佳阵容第三队，相同位置的第一队是阿伦·艾弗森，第二队是雷·阿伦；与最佳防守阵容无缘，相同位置第一队是布鲁斯·鲍文，第二队是德怀恩·韦德。球场上的烦心事不必多提，球场外，科比也没闲着，性侵案继续发酵，又与卡尔·马龙以及雷·阿伦打起了口水战并引发全世界的群众围观。

而与"邮差"的"口水战"更像是一部好莱坞类型片，直接往科比的脸上抹灰泥。

直到今天，这事依然是"公说公有理，婆说婆有理"，坊间流传的故事不足信，整理 *ESPN* 等美国权威媒体的报道，事情的经过大概是这样的：2004 年 11 月 23 日，洛杉矶湖人队主场迎战密尔沃基雄鹿队，有伤在身的卡尔·马龙带着儿子坐在场边休战，科比的妻子瓦妮莎给马龙的妻子打电话，说比赛枯燥，马龙的妻子就建议她打电话给马龙，让他儿子坐到瓦妮莎身边，一起看球，并且将丈夫的电话号码给了瓦妮莎。结果，卡尔·马龙一身牛仔打扮，头戴牛仔帽，接到了瓦妮莎的电话……对不起，对话内容只有两位当事人知道，也没有录音之类的证据，所有的流传都是流传，都是传说，在此就不加详述了。

无独有偶，下半场接受采访时，媒体记者问卡尔·马龙："牛仔，你在追逐什么猎物？"

卡尔·马龙回答："我在追逐墨西哥女孩。"

瓦妮莎就是一位墨西哥裔美国女孩，这样一来，"邮差"就有了调戏前队友爱妻的嫌疑。

正在打比赛的科比·布莱恩特当然不知道手机信号的两端所发生的事情，在热血沸腾中砍下 30 分、6 个篮板、5 次助攻、3 次抢断、1 个盖帽的全面数据而率领湖人队取胜。赛后，在关于这场比赛的媒体报道中，科比甚至还表示，他每天都会和卡尔·马龙聊天，但他并不知道马龙是否会在 2004-2005 赛季继续打球。

这件事的大背景是：2004 年夏天接受了膝盖手术的卡尔·马龙没有宣布退役，也没有宣布继续为洛杉矶效力，但他一家人依然住在洛杉矶，并且是科比的邻居，而缺兵少将的湖人队则渴望着他能回到球队帮助科比以及其他的年轻人，还有票房。

瓦妮莎很是"诚实"，回家后就将事情的经过全部告诉了科比，知情后的"黑曼巴"异常愤怒。所谓"是可忍孰不可忍""士可杀不可辱"，当晚科比打电话找马龙算账，结果两人发生了激烈争吵，马龙强调自己并非故意调戏瓦妮莎，并说如果自己的言论冒犯了布莱恩特一家，他向夫妻俩道歉，但科比·布莱恩特并不认可，也不接受他的道歉。

争吵过后,醋意大发的"黑曼巴"决定与"邮差"决裂。

把事情拿到台面上来讨论则是在 12 月 12 日,湖人队主场迎战奥兰多魔术队,赛前,他便谈到了与前队友的决裂并解释了原因,表示:"我经历了很多,我的妻子也经历了很多,但我们会将这些事情放在一边,向前走。"但才刚刚说过,便是 23 投 6 中仅得 23 分,好在他还有 8 个篮板、6 次助攻,湖人队依靠克里斯·米姆和居梅因·琼斯各得 25 分才取胜对手,看来,当事情指向自己的妻子时,"赶场法则"失灵了。事后,当媒体记者问及他是否希望马龙回来打球时,科比表示这不是自己考虑的事情,是球队的事情,可以一起打球,但不可能再成为朋友。显然,"邮差"回到斯台普斯中心的路被堵死了。

经此意外,沙奎尔·奥尼尔、加里·佩顿、卡尔·马龙、里克·福克斯、霍雷斯·格兰特、拜伦·拉塞尔,一起并肩战斗过的老将们全数离开,科比的周围全是新人,全是喽啰级的小字辈,他在球队的统治地位不可动摇,但也特别孤独。

再说卡尔·马龙,事情公开化之后,他并没有正面回答,只是通过经纪人说明了这件事的荒唐,彻底不再回到 NBA,甚至远离了洛杉矶这个是非之地,远离了人们的视线,开着自己心爱的大卡车当农场主去了。即便是到了 2015 年,当科比已经封神并不可避免地进入退役倒计时的时候,马龙依然对此事不甘心,不仅在采访中承认和科比·布莱恩特存在矛盾,并主动约架。但当时的科比正在养伤,再加上马龙的身板以及他在 NBA 赛场上不知将多少悍将肘击至当场休克的历史,美国媒体调侃说,这场约架胜负早已分明。

"我和科比之间有点问题,但我没有记恨。我喜欢西部,我是一个传统西部人,以前大家有恩怨的时候,不用刀和枪,我们只需要去一个没有人注意的地方,戴上护具,打上一架把所有问题解决。"

那么，他和瓦妮莎之间到底发生了什么呢？除了经纪人的常规表态，卡尔·马龙当时的私人训练师兼保镖萨皮加时刻陪伴着马龙，他在事情发生后第一时间站出来为"邮差"说话，因为他认为自己知道事情的真相：瓦妮莎调戏卡尔·马龙！

"在11月23日湖人队与雄鹿队打比赛的时候，瓦妮莎主动拥抱了卡尔。她看见卡尔时很高兴，就像走进糖果店的孩子一样，不光是我，湖人队的一些工作人员也看到了那一幕：瓦妮莎是在向卡尔卖弄风情。她非常高兴，时而微笑，时而放声大笑。"剧情大反转！

这句话简直是要扶马龙骑到科比头顶的架势，或者要将科比推落万丈深渊——鹰县事件还未了结，科比正焦头烂额呢。但毕竟他是马龙的私人训练师兼保镖，就和布莱恩特夫妇的声音一样，都是单方面的，不可采信。

不管他的言论是否真实有效，有一点是可以确定无疑的：科比和卡尔结下梁子了。需要补充的是，中国球迷乃至很多的专业人士并不细心，多年后把这样的公开新闻当成了2003-2004赛季发生的，并认为"F4"开始就是内讧，进而冲冠失败，进而分崩离析。这倒是太荒唐了。

这只是一条没有经过证实的传闻，科比对此事非常愤怒，然而马龙从头到尾都否认自己调戏过科嫂，科比并不买账，他在媒体上指责马龙不该对瓦妮莎说出那些不当的调戏言论，马龙予以回击，称自己绝对不会在科比的肥皂剧中当明星。双方各执一词，也吵不出个所以然来，就在2015年，马龙还旧事重提，约架科比："来干一架，把瓦妮莎的那件破事给结了。"不过当时科比还在养伤，此事最终也不了了之。

球场上的对手也不闲着，这个人就是雷·阿伦。

卡尔·马龙球风坦荡，但毕竟私生子多，铁肘伤人不少。而雷·阿伦，无论是球场内的动作还是球场外的动作都干干净净，磊磊落落，并因谦逊礼让的翩翩风度而被中国球迷称为"君子雷"，他为什么又会与科比成为死敌呢？

雷·阿伦出身于篮球名校康涅狄格大学，在 NCAA 的赛场上杀得风生水起，大学的最后一个赛季入选了全美第一阵容，1996 年的选秀大会上声望值远在科比·布莱恩特之上，并且从不把眼前的这个 17 岁少年放在眼里，而选秀顺位也说明了他们俩当时的地位差距：雷·阿伦第 5 顺位，而科比·布莱恩特第 13 顺位。这也没什么，关键是前面提及的一个细节：选秀大会前，科比与雷·阿伦一起在芝加哥参加新秀训练营，他们俩同时接受体检，科比一直在体检中强调自己身体没有任何伤病，没有什么可检查的，一旁的雷·阿伦驳斥科比："那是因为你只有 17 岁，什么都没经历过。"两人就此交恶了。

在"OK 组合"分手后，雷·阿伦曾经在接受采访时被问及对此事的看法，他非常直接，矛头直指科比·布莱恩特："科比总想向这个国家、这个联盟证明，没有沙克他能打得更好，他不想靠沙克拿到总冠军。如果不成功的话，科比就会向老板施压要求交易。"

这句话通过媒体传到了"黑曼巴"的耳朵里，科比非常气愤地回击："以后不要把我和他相提并论。"并且扬言要踢爆雷·阿伦的屁股。自此之后，科比与雷·阿伦势同水火，每次交手都像是火星撞地球，而在雷·阿伦转投波士顿凯尔特人队之后，更是把他们俩的宿敌情结推向了最高潮。

黑暗崛起："禅师"

对于科比来说，2005-2006 赛季是他职业生涯的十字路口——与菲尔·杰克逊冰释前嫌，再度联手。

在"大鲨鱼"和"禅师"相继离队后，科比·布莱恩特完全成了湖人队的主宰——这支球队，就是 8 号球员的球队。不过，虽然一个人当老大的感觉爽翻天，但接连不断地输球可不是科比想要的结果。科比也不允许湖人队就这么烂下去。无奈之下，湖人队重新联系了"禅师"，说服他出山执教湖人队，不，准确地说应该是执教科比。毫无疑问，他的回归得到了科比的认可与支持，如果没有科比点头，很难想象菲尔·杰克逊还能在洛杉矶"二进宫"。

从"禅师"回归这件事就能看出，科比是一位极有野心且对失败零容忍的球员，在失败与分歧之间，他果断选择了后者，即便被"禅师"在自传中描述得那么不堪、那么龌龊，科比还是能忍下这口气，再度与恩师携手。这一切，都是好胜心使然：他宁愿与自己关系不佳的人合作，也不愿意成为失败者。而这，也是他从"OK组合"散伙事件中得到的教训。

"其实，不管是哪个级别的教练和球员，总是会有这样的矛盾，但当我第 2 次回湖人队的时候，科比和我的关系就好多了。我给了他更多的自由，让他去做他想做的事情，只要不违背三角进攻的理念。"菲尔·杰克逊说道。

在此之前，菲尔·杰克逊从来没有这么对他承诺过，也从没有允许他这么去做，而现在，他不仅承诺了，而且也允许他这么去做了。

他的上任，立竿见影，就在 2005-2006 赛季，他带领科比·布莱恩特，或者说科比·布莱恩特带领湖人队渐回正轨，45 胜 37 负，虽然只是排名西部第七，但好歹重新回到了季后赛队伍的行列。但就个人表现而言——在此，重复一遍"禅师"的承诺："我给了他更多的自由，让他去做他想做的事情，只要不违背三角进攻的理念。"——科比打出了职业生涯最巅峰的状态，各种令人咋舌的数据至今都令全世界的球迷疯狂。首先发生的，便是 3 节 62 分。

2005 年 12 月 20 日，斯台普斯中心，达拉斯独行侠队对阵洛杉矶湖人队，科比全场 31 投 18 中，三分球 10 中 4，罚球 25 罚 22 中，在打完前三节之后，科比与独行侠队全队的得分之比为 62：61，一个人的得分就比独行侠队全队的得分还要多，而这也是 NBA 赛场引入 24 秒进攻规则以来第一次有球员完成这样的壮举。这样的比赛实在是有些凌辱对方，因此，科比也就打了前三节，总得分依然是 62 分——第 4 节湖人队最多领先过 34 分，早早锁定胜局，在这样的情况下"黑曼巴"实在是没有继续再上场比赛的理由。

科比全场 **31** 投 **18** 中

三分球 **10** 中 **4**

罚球 **25** 罚 **22** 中

科比 **62**：**61** 独行侠队全队

"我们只想赢得比赛，当时胜利已经属于我们，就像是放进冰箱里一样安全了，这就是没有再上场的原因。"科比布莱恩特说。

"我们根本拿他毫无办法，我们试图用双人包夹来防守他，想给他设置陷阱，但一切都不奏效。"当时独行侠队主教练艾弗里·约翰逊说。

"我看到过一些球员单场拿下 60 分的比赛，但从来没有遇到过三节结束就完成这一壮举的。他在第 3 节轰下 30 分实在是太不可思议了。"菲尔·杰克逊说。

这时候，人们还没有预料到不久以后，科比还会上演单场 81 分的好戏，但直到今天可能绝大多数的人都没有注意到：单场 81 分的比赛，科比前三节只有 53 分进账。如果这场球科比坚持继续上场会是什么结果呢？无法想象。但就如我反复提及的，历史并没有那么多的想象，历史并没有那么多的假设。

无论如何，这场比赛都成了当时的热门话题，时任印第安纳步行者队主教练的里克·卡莱尔听闻，也笑言，他对上次科比在他们头上狂砍 45 分也不感到那么郁闷了。但郁闷的是，不久，卡莱尔便成为独行侠队的主教练并继续被科比欺凌。

关于三节砍下 62 分的这场比赛，事后有记者问科比当时如此砍分背后的真正动力是什么。

科比给出了一个令人惊讶的答案——德尔·哈里斯。

当时，"银狐"担任独行侠队助理教练，而他正是科比刚进联盟时的湖人队主帅，身为菜鸟的科比只是湖人队的替补球员，场均只有 15.5 分钟的出场时间，这让科比一度感到非常困惑。"当我还是一位新秀的时候，我就恨德尔·哈里斯，我总是说如果有机会复仇，我会努力争取的。"科比直言不讳，"可以这么说，那时候他激励我尽可能在场上保持高效率并争取出场时间，我必须去争取我的一切。现在我很感激，如果我说德尔不是我砍 62 分的动力，那我就是在撒谎。"

在科比职业生涯的道路上，像哈里斯这样主动或被动刺激科比的人并不少，他只是其中之一而已，也只是成就了今时今日的科比的人之一。

12 月 25 日，洛杉矶湖人队对阵迈阿密热火队，前面已经详细解释过 NBA 关于圣诞大战的商业规则，这次，他们自然不会放过吸引眼球的好机会。地点是迈阿密的美航体育馆，全美乃至全世界的篮球迷，在这个圣诞节的关注点便是"科比·布莱恩特 VS 沙奎尔·奥尼尔"。狭路相逢，必有胜负，不是科比，便是奥尼尔，而且很可能伴随着口水战乃至雪弗兰撞墙的事件再次发生。

不过，经过了一个赛季有余的洗礼，加上此时的湖人队主帅已经是"禅师"，昔日的"OK组合"，今日的"O"和"K"彼此之间的关系不再剑拔弩张，但依然是仇敌。比赛结束，当季夺得总冠军的热火队果然实力更强，以97∶92获胜——还剩1分07秒时，湖人队尚能以92∶91领先，但在2005–2006赛季投奔了"大鲨鱼"的加里·佩顿的三分球命中改变了局面，而当仅剩2.9秒时，科比意在扳平比分的三分球不中，也宣告失去了最后的机会。赛后,"大鲨鱼"甚至不愿意谈及科比，"对我来说这只是又一场比赛而已"。

但在个人对决中科比没有输，全场以37分、8个篮板、6次助攻占尽风头，尽管奥尼尔得到了18分、17个篮板、3次助攻并且赢球。当时的"大鲨鱼"已经34岁，日薄西山，不再是科比的眼中刺，而那时候的热火队已经被德维恩·韦德逐渐接管，日后，他也取代奥尼尔成了科比的劲敌，此为后话。

但作为与科比构成平行线的奥尼尔，不得不补充热火队在2005–2006赛季的概况，除了加里·佩顿和全明星周末三分球大赛冠军贾森·卡波诺以自由球员身份来投，帕特·莱利还于8月2日完成了一笔涉及5支球队的大交易，得到了防守悍将詹姆斯·波西、人称"白巧克力"的花式组织后卫贾森·威廉姆斯、曾经的"绿衫军"核心安托万·沃克，交易截止日前从休斯敦火箭队得到了锋卫摇摆人德里克·安德森，而在2003年夏天招募的非选秀球员乌杜尼斯·哈斯勒姆已经成为首发大前锋，是对奥尼尔的极好补充，一个以老将为主的阵容再次向总冠军发起冲击。在大范甘迪带出11胜10负并对受"大鲨鱼"控制的更衣室失去控制后，帕特·莱利只好最后一次出山，最终，在总决赛中以4∶2神奇逆转达拉斯独行侠队，"大鲨鱼"夺得第4冠，德怀恩·韦德首夺总决赛MVP。

再补充："大鲨鱼"已于2005年夏天与迈阿密热火队完成续约，这份大合同为期5年、总薪金高达1.01亿美元，本来，帕特·莱利奉上的是 1.25 亿美元，但"大鲨鱼"选择了主动降薪以引进人才。这次，"总经理助理"又见真章啊。

说到这里，依然还要讲述"大鲨鱼"的故事。因为这次与他唱双簧的依然是"黑曼巴"。

2006 年 1 月 16 日，斯台普斯中心，迈阿密热火队对阵洛杉矶湖人队。历史总是惊人的相似，不可解释，科比又是 37 分，沙克又是 18 分，但获胜的是"紫金军团"，100：92。所谓"冤冤相报何时了"，这天，恰逢美国的马丁·路德·金纪念日，在这之前，"大鲨鱼"与比尔·拉塞尔在西雅图有过交谈，结果，"指环王"建议他主动跟科比握手、拥抱，以化解恩仇，就像"指环王"自己当年和威尔特·张伯伦之间那样。奥尼尔听从了他的建议，并在跳球前照他的建议做了，并且祝贺科比的第 2 个孩子出生，科比也热情回应，随即，斯台普斯中心爆发出雷鸣般的掌声。赛后科比表示："这让我感觉很好……"为奥尼尔的举动吃惊的同时，科比也祝奥尼尔在南海滩能有美好时光："这对洛杉矶城有好处，对 NBA 有好处，对年轻人有好处，尤其是在马丁·路德·金纪念日。"

他们的故事依然不可能结束。2 月 19 日，科比和奥尼尔又在 2006-2007 赛季的休斯敦全明星赛上碰头，相见言欢，昔日的仇恨得到了暂时的稀释，他们在全明星赛上谈笑的画面也成了球迷热议的话题。

除了与奥尼尔的初步和解之外，科比在这届全明星赛上的表现也异常低调，他主动把表现机会都让给以东道主身份出战的特雷西·麦克格雷迪，甘当绿叶做陪衬，送出西部明星最高的 8 次助攻并抢下 7 个篮板，直接促成"T-Mac"在火箭队主场狂砍 36 分，而本赛疯狂砍分的科比自己只拿到了 8 分。只可惜西部全明星队不给力，"T-Mac"关键时刻掉链子，最终，以 120：122 输掉了比赛，倒是成全了勒布朗·詹姆斯的全明星赛 MVP。不过，本届全明星赛 MVP 之争引发了球迷的口水战，直到现在还时不时有人拿出来说事。

2006 年 1 月 22 日，斯台普斯中心，多伦多猛龙队对阵洛

杉矶湖人队,不仅是科比职业生涯最闪亮的时刻之一,而且将个人英雄主义演绎到了极点:砍下职业生涯最高的 81 分,不仅打破了埃尔金·贝勒此前所保持的湖人队队史纪录的 71 分,而且,81 分在 NBA 历史单场得分纪录中排名第二,仅次于威尔特·张伯伦单场 100 分的神迹。

　　2006 年 1 月注定是属于科比·布莱恩特的,除了这 81 分,还有过单场 51 分,还有过连续四场得分"40+",而在此前的洛杉矶湖人队,也只有埃尔金·贝勒和威尔特·张伯伦做到过。

整个 2006 年 1 月,科比场均能狂轰 43.4 分,这样的单月场均得分能在 NBA 历史上排名第八。

　　在打完 2005-2006 赛季后,科比便成了湖人队队史单赛季单场砍分"40+"次数最多的球员,之前的历史纪录是 27 次,而单赛季总得分为 2832 分,同样刷新了湖人队的队史纪录。

　　此外,科比还以场均 35.4 分首度加冕联盟的得分王,并成为 NBA 历史上第 5 位场均得分"35+"的得分王。在 MVP 投票中,科比的得票排名第四,但他得到了 22 张头名选票,仅次于最后的 MVP 获得者史蒂夫·纳什。

　　45 胜 37 负,比 2004-2005 赛季多赢了 11 场球。季后赛首轮遭遇的正是当季 MVP 史蒂夫·纳什带领的菲尼克斯太阳队,时隔一年再次站在季后赛的舞台上,奇迹并没有发生,比分为 3:4,一句冠冕堂皇的话叫作"虽败犹荣",形容科比·布莱恩特和他的洛杉矶湖人队恰如其分。殊为可惜的倒是,他们也曾经以 3:1 领先过,一度让人们看到了巨大的希望,但接下来的三场比赛充分显示了太阳队的整体实力,除了第 6 场科比拿下 50 分但仍然通过加时赛而以 118:126 失利后,其余两场都看不到什么获胜希望。

想要如同当年的"OK 组合"一般征服联盟，还有很长的路要走。而且，这时候的科比以及他的"紫金军团"又凭空多出一个对手：

洛杉矶快船队。

这支球队的核心是大前锋埃尔顿·布兰德，他已经 26 岁了，足够成熟了，更兼得到萨姆·卡塞尔和卡蒂诺·莫布利这对临近退役的"老妖"相助，一举杀进了次轮，虽然同样是被菲尼克斯太阳队击败，但当时一种普遍的论调是，这支与湖人队同把斯台普斯中心当作自己主场的弱旅，自从搬到洛杉矶来，首次走得比湖人队更远，都认为他们会争抢湖人队的城市影响力，当然还有赞助商与票房。

布兰德一片红火，但在当时，没有人能预料这竟然是他在"天使城"唯一的季后赛之旅，湖人队大可放心。在当时，更没有人能预料到在科比 NBA 生涯的黄昏时期，这支球队竟然彻底压倒了湖人队，并且还在继续。

24号来了

在 2005-2006 赛季的末段，有报道称，科比·布莱恩特打算将自己的球衣号从 8 号改成 24 号。24 号，正是"黑曼巴"在劳尔·梅里恩高中的第一个球衣号，之后，他才改穿 33 号球衣的。

赛季结束后，科比接受了 TNT 电视台的采访，他透露自己在新秀赛季时就想穿 24 号，但当时 24 号已有主人，由队友弗雷德·罗伯特斯所占据，而 33 号则因为卡利姆·阿卜杜尔－贾巴尔的退役而被湖人队封存。科比最早参加阿迪达斯 ABCD 训练营时，曾经穿过 143 号球衣，最后进联盟时选择 8 号球衣只是因为：1+4+3=8。

关于科比更换球衣号码，还有一些有意思的猜测，那就是有人认为科比是在向"飞人"示威。因为众所周知，迈克尔·乔丹所穿的是 23 号，科比改穿 24 号正有压制乔丹之意。这只是猜测。此外，当时人气已经在飙升的勒布朗·詹姆斯所穿的同样是 23 号，科比在用自己的方式来制造存在感。这同样只是猜测。不管怎么说，科比职业生涯的总冠军数是无法赶超伟大的迈克尔·乔丹了，随着时间的推移，历史地位被勒布朗·詹姆斯超越的可能性正变得越来越大。对于这一切，不管此时此刻的科比心态如何，他也只能选择淡然接受。

一日紫金，终身湖人队，科比阐释了忠诚的含义，但他又在 NBA 生涯中途更换球衣号，这倒是给洛杉矶湖人队制造了一个大难题：**退役科比的球衣号码是必然的，但该退役 8 号还是 24 号？或者两个号码同时退役？**

8 号还是 24 号？

成长科比

　　生活，或者篮球，其实有着异曲同工之妙，每一个阶段都要经历。而成长这个阶段，也是必不可少的。

　　之所以把这一段时光，称为科比的成长岁月，也经历过深思熟虑。

　　我们都知道，年轻的科比，早早地就在 NBA 联盟扬名立万，他与奥尼尔的组合，曾经让联盟闻风丧胆，也将冠军奖杯不止一次收入囊中。但是你又不得不承认，此时的科比，还不是我们最为熟知的那个科比。

　　当科比独自成为湖人队的领袖，当球衣号码从 8 号变成 24 号。这时候的科比，我更愿意称为，真正的科比即将到来。在后面的岁月中，我们可以慢慢欣赏科比的无数次精彩表演。我相信，球迷朋友们，对后面的科比更加如数家珍。

　　回首成长科比的阶段，荣誉与争议是并存的。鹰县事件的发生，给科比造成了很大的负面影响。但是也正是因为有了这一阶段的磨砺与成长，"黑曼巴"才会在后面的岁月中绽放得更加精彩夺目，让人叹为观止。

　　成长之后，那便是荣耀的纷至沓来。静候更加出色的科比·布莱恩特，下面的故事更加精彩。

我的成长

2004 年，我有幸成为中国第一个从头到尾跟完整个 NBA 赛季的驻美记者。这里的"头"和"尾"包括季前赛、82 场常规赛、季后赛、总决赛，最后是在纽约举办的 2005 年选秀大会。其实，在 2004 年之前，《中国体育报》和《体坛周报》等媒体都曾派人去美国报道过 NBA 比赛，但最长也是一个多月的时间。

所以说，我很幸运，当中国刚刚有了愿意将自己的记者派到美国常驻跟踪 NBA 的媒体后，恰巧就被我赶上了。而且当时把我们派到美国的《篮球先锋报》一共决定派 3 个人，我又恰巧成了第一个出发的。在这里，我要特别感谢苏群老师、杨毅老师……

记得 2004 年 10 月 24 日，当北京刚有了些许寒意的时候，我已经拽着两个大箱子坐在驶往首都国际机场的车上。

按照安排，我驻美的第一年将在迈阿密度过。当时的热火队不但有沙奎尔·奥尼尔和德怀恩·韦德，还有王治郅。不过由于热火队要到奥兰多与魔术队打一场季前赛，而且是最后一场季前赛，所以我决定先飞到奥兰多，再想办法去迈阿密。

我乘坐的航班是北京时间晚 8 点起飞。以前虽然我也多次整夜在天空度过，但这次毕竟是单独去美国，对那边一无所知。在飞机上静静地坐着，些许的兴奋中夹杂着隐隐的担忧。没有记者站，没有人会在机场接我，甚至整个美国也没有一个认识的人——从那天起，我将开始孤魂野鬼般的异域流浪。

半梦半醒中，就到了洛杉矶。是当地时间下午，早就算不清是中国的什么时间了。我的下一个目的地是奥兰多。航班是当地时间夜里 1 点起飞。这之前要在洛杉矶国际机场等人约 7 个小时。我早早来到登机口，静静地坐着，无精打采地等着。

登机口的窗外夜幕降临了，随着起飞时间的迫近，我之前的那股隐忧越来越明显、越来越浓。因为不但没人在奥兰多机场接我，而且由于对球场位置没概念，之前连酒店也没订！都知道欧美国家的酒店少，而我的预算有限，下飞机后该去哪里？该干吗？我不知道，甚至不愿意去设想。

起飞后接到通知，到达奥兰多的时间居然是凌晨4点！一听，我心都凉了。当时完全不能理解航空公司是怎么设计的时间。后来才明白了：这就是所谓的"红眼航班"，是同等距离里最便宜的，在美国非常流行。

走出奥兰多机场，拎着两个大箱子，背着一个双肩背外加一个电脑包，我抬头看看满天的星星，因为无处可去所以感到非常无助。这时候，我看见一个中国模样的女人，带着七八岁的小男孩也刚走出来。我硬着头皮走上去，确认是中国人之后，简单地介绍了自己的情况，并试探性地询问："能给我一些建议吗？比如说我该去哪里？"

在我看来这位女士的姓氏很特别，姓倪。她说："现在才4点多，你哪里也去不了。"我像被一记闷棍打到头顶，正欲说"谢谢"并转身离开的时候，她居然又说："我的车就停在机场，要不你就跟我回家吧。等天亮了让我老公带你去找旅馆。"

我连连点头，真想上去拥抱她一下——人在无助中得到的帮助，是最深的帮助。我跟着她和她的孩子一起在偌大的停车场找她的车。终于找到了，是辆7座小面包。这种车在中国普遍被称为"商务车"，后来在美国时间长了，我发现这种车型在美国一般被用作"妈妈车"。于是我就上了我在美国坐的第一辆车，跟着这个在美国认识的第一个人，开始了我的漫长又未知的美国之旅。

能把我这个素不相识的陌生人往家里带，足见倪女士的毫无戒心。坐在车里，看着仍然漆黑一片的奥兰多夜景，我开始换位思考：如果是我在机场遇到陌生人的求助，我可能直接往家里带吗？

倪女士住在一个看起来很高档的社区里，虽然天只是蒙蒙亮，我仍然被这个社区的美丽震撼了。她让我下车、进屋，给我和她儿子准备早餐，还催我给家里打电话报平安。我来到美国的第一天就能得到如此的帮助，实在感到幸运至极，尤其是设想如果没遇到她，我走出机场后面对这个漆黑一片的陌生城市该如何，就更是从心底里感激她。

吃过早餐，休息了一会儿，已经 9 点多钟了。我拿着相机走到屋外为这个美丽的社区照了几张照片。纪念在于：第一，这是我在美国见过的第一个社区；第二，这里住着帮助过我的一家子中国人。

中午，倪女士与她的老公涂先生开着辆超长的白色林肯车带我去一家越南饭馆用餐。由于是第一次吃越南菜，我对那种酸甜辣的口味非常不习惯，没想到日后竟会爱上越南的 PHO（注：一种牛骨熬的汤米粉）。吃过晚饭，他们开车带我找旅馆，我们先找到奥兰多魔术队当时的主场 TD 水屋中心，然后沿着球场找。折腾几个小时，终于选定了一家离球馆只有 10 分钟车程而且看上去不错的旅馆，价格 60 美元。

与这对好心的夫妇谢别后我倒在床上就开始睡，一直睡到第二天中午。从床上爬起后马上往球场进发——当天中午有魔术队训练。我的目标是史蒂夫·弗朗西斯或者卡蒂诺·莫布利，他们是姚明的前队友。到了球场，经过一番周折，看门的警卫才让我进去，他们似乎不相信会有中国媒体从大洋彼岸来看魔术队训练。我也是乱撞，进到了球员通道，其实就是地下一层。顺着"砰砰"的拍球声，我走了过去，看见了魔术队主场的地板。看到的第一个 NBA 球员，便是 2004 年的头号新秀，当时还没打出名声的德怀特·霍华德。

我的目标并不是"魔兽"，再说也没机会，所以没能和我面对面看到的第一个 NBA 球员对话，但还看完了他和"老猫"的一对一，以"老猫"获胜而告终。二人的斗牛才结束，这时候，史蒂夫·弗朗西斯不知从哪里冒出来，冲着莫布利喊："嘿，哥们儿，一会儿我要去迪斯尼给小孩读书，你也去吧？"

"我不去，人家又没邀请我……"莫布利说着，披上毛巾朝更衣室走。

由于训练日的更衣室是不对媒体开放的，大家都站在主队的更衣室门口等球员出来。凯文·卡托第一个出来，没人搭理；紧跟着是安德鲁·德克勒克，没人搭理；再后面就是"弗老大"——我们蜂拥而上。几句寒暄过后，"弗朗特权"的健谈本色就逐渐显露。先是些常规问题，回答也是大白水，像"背书"。而后，一个奥兰多当地记者问："你觉得用特雷西（麦克格雷迪）换来你，魔术队是否会变得更强？"弗朗西斯想都不想就把问题推开："你要去问做交易的人。"

我走上前自我介绍，完全忘了这是我第一次与 NBA 球员面对面地说话。"弗老大"确实如同传说中的一样平易近人，非常随和地回答着我的所有问题。当听到我是从中国来的，他的兴致一下高了起来："你从中国来？我也是刚从中国回来。你等我一会儿吧，我洗个澡就出来。"

在他洗澡的过程中，莫布里又出来了。与弗朗西斯完全不一样，很冷，很酷。我本来就没有跟 NBA 球员打交道的经验，刚才碰上弗朗西斯由于他很随和，这个问题还没有暴露出来。现在，跟眼前这个面无表情的莫布里说话，就有点不知所措了。

过程很不顺利，莫布里对任何问题与评论都是面无表情而且眼睛也不看人，一副不耐烦的样子。我试图用恭维他的方式来提高他的说话热情，说姚明经常夸他速度快、投篮准，带球过人的时候第一步有如闪电。没想到，他听到后只是说了一句："哦，是吗？"然后就不再吱声了。

我请他拿着我当时所在的《篮球先锋报》拍张照片，他也是一脸的不情愿，勉强照了一张后匆匆闪人。

落寞之际，还好"弗老大"出来了，还是刚才的那么爱说爱笑。通过与此二人交流，我深刻地意识到：NBA 球员是各式各样的，对待媒体的态度也是各式各样的。完全没必要因为跟谁聊得不错而高兴不已，当然也没必要为碰到卡蒂诺·莫布里这样的球员而郁闷。

迈阿密与奥兰多都属佛罗里达半岛，迈阿密的纬度更低，更靠近赤道。往返两座城市如果坐车 4 小时就够用。我抵达佛罗里达半岛的时候已经是 10 月底了，但这里依然温暖如春。正是由于宜人的气候，佛罗里达州也被美国人戏称为"老年人的天堂"。其实，这并非戏称，在美国的其他城，尤其是北部城市，确实有这样的生活风尚：很多老年人在退休后会考虑把自己的房产卖掉，然后老两口一起搬到佛罗里达州安享晚年。还有一类是有钱人，他们会在佛罗里达州购买一处房产，在全年最冷的几个月过来度假。所以佛罗里达州有很多房子在夏天是空置的，就是因为夏天这里太热，那些来这里过冬的人又都北上了。

第一次见到王治郅也是在 TD 水屋中心，当时的大郅处在一个非常敏感又非常困顿的状态，由于种种原因，他回不了中国；在热火队的位置也非常边缘化。所以，当时的大郅心里是非常苦闷的，但他没把这些苦闷写在脸上——第一次见到我时没写，日后与我相熟了，仍然没写。

我和大郅都是北京人，沟通与熟识的过程自然顺利。当时他的妻小都住在洛杉矶，所以平日也是自己一个人在迈阿密，没什么朋友。而我更是举目无亲，所以当时我们俩多少有点他乡遇故知的感觉。

说来也巧，我最早听说王治郅这个名字还是在初一。坐在我后面的一个女生有次聊天时说："我有一表哥，是打篮球的。"我们问她："叫啥？"她答："王治郅。"其实，当时大郅在国内已经算得上是小有名气了，只是才上初一的我们对篮球还没那么关心。直到后来大郅成为登陆 NBA 中国第一人，我们这才反应过来：哇，原来她表哥真是篮球明星啊。

他乡遇故知也好，表妹是我同学也好，北京人特有的自来熟也好，我和大郅在 TD 水屋中心的客队更衣室里就算正式"接头"了。

2004 年 10 月 27 日，迈阿密的最后一场季前赛。当天下午，我早早从旅馆出发，打了车到 TD 水屋中心附近。说来大家别见笑，由于当时的我还不知道 NBA 的球馆会为媒体提供有偿或无偿的晚餐，所以，在途经一家日本寿司店时我买了盒寿司作为晚餐。

走到球场大门口的时候离比赛开始还有 3 个多小时，于是，我索性坐到球场对面的大片绿地上享用美食。绿地前面是一片大湖，草地上三三两两的人悠闲地坐着看书、谈情，湖里的鸭子与天鹅漫无目地闲散游玩。我边大口大口地嚼着新鲜美味的三文鱼寿司边琢磨：在一个大城市的市中心竟然能有这种闹中取静的安逸美景？ 这里相当于我的家乡北京的王府井，不过，王府井也就到了夜里 3 点才能如此宁静吧？

进场时带着激动，毕竟我是第一次现场看 NBA 的比赛。上中学时我翘课在电脑上连美国当地的电台听比赛的时候就想，有朝一日，一定要到现场看一场球，如今就要实现了——虽然魔术队与热火队都不是我当时喜欢的球队，不过我知道只要我继续在这个行当干，去现场看自己喜欢的球队只是时间问题。

比赛终于开始了，我混到了一个摄影记者的场地座位，一直坐在篮筐下欣赏着我生平亲临的第一场 NBA 比赛。

感觉虽然不错，但没之前想象的那么激动 。后来才明白有两个原因： 一、这只是一场季前赛，火爆程度远远比不上常规赛，更别说季后赛； 二、奥兰多的主场气氛在全联盟范围看只能算中游偏下。

TD 水屋中心的球迷们自然也把 99% 的掌声与欢呼给了自己的球

队——奥兰多魔术队。他们为格兰特·希尔的健康欣喜，对头号新秀充满期待，也为"弗老大"一次倒地而揪心不已。以前只能在电视上看到的球员，现在就倒在离自己不到 1 米的地方，我赶紧拿出相机冒充摄影记者拍了起来。

赛后，在客队更衣室里，大郅早早洗完澡，一个人有些孤零零地坐在那里，对我说："我们今晚就回去，飞机也就 20 多分钟，基本上是刚起飞就降落了。咱迈阿密见吧，到时我带你到处转转。"

在奥兰多住了短短几天，我要进行到美国后的第一次的城市间迁移了。去迈阿密的车程大概是 4 个多小时，飞机也有，巴士也有服务。由于没有在美国旅行的经验，只好打电话给几天来一直在帮助我的倪女士，请求信息咨询。结果却出乎意料，涂先生会在两天后开车去迈阿密办一个服装展览会，也许有顺风车让我搭。最后商量好，我们在两天后的下午出发。

电话挂断，我看着奥兰多这个我寄住的汽车旅馆发呆。这里，毕竟是我到美国后的第一个住所，虽然是汽车旅馆，设施卫生等方面却非常讲究，房间很大，双人床，如果套用中国的酒店星级给它定位，起码够是二星的水准。

出发的时间到了，是下午 3 点。沿着高速公路南下直奔迈阿密，一路晴空万里，能见度很高。记得涂先生说佛罗里达州的空气质量很好，比西海岸的洛杉矶等城市要干净很多，但我当时还没在洛杉矶长待所以没法比较，只是觉得比北京的空气质量好太多了而已。到达迈阿密的时候已经完全天黑了。涂先生带我到一家他以前来过的中餐馆——又是我的第一次——第一次在美国吃正经中餐。

记得是一家名叫"汉宫"的广东餐馆，涂先生告诉我迈阿密几乎所有的中餐馆都是广东餐馆。他说请我尝尝美国的中餐，点了一只广式烧鸭、一个清蒸罗非鱼、一道青菜。两荤一素，他说这是两个人的叫菜标准，当然也是他们台湾人习惯的叫菜方式。

说实话，对于我们两个饥肠辘辘的人来说，这里的菜真是相当美味了。尽管日后大郅把这家饭馆归为"不可去"的那类，但我还是单独偷着来过 N 次，因为给我的第一印象毕竟是很不错的。

饭后，我到场馆里帮涂先生摆好展览会要用的衣服后，一起回到他下榻的雷迪森连锁酒店，他说："你既然没地方住，今晚就和我睡一屋吧。"我万分感谢他的好意，但由于个人习惯，还是不愿意与人共用房间。于是说："我还是再开一间吧，不过真的谢谢您对我这么好。"

涂先生一看我不愿意跟他同住，二话没说，居然到前台用他的名字又给我开了房。在美国，一切走钱的事基本都是不动现金的，信用卡基本是人手一张，所以我也没有足够多的现金掏出来往他手里塞。于是感激之余马上就感到压力大了起来——因为这样的酒店要 100 美元，按当时报社给我定的标准是完全不可能承受的。这就意味着，明天必须搬家！

往哪里搬？美航球馆在哪里？美航球馆附近的酒店是否更贵？我上网后到处查，一些身在中国的朋友也帮我查，时间很紧迫。查了整晚都没有什么理想结果，不是太贵就是离美航球场太远。涂先生也积极帮我查，依然没有好消息。我怀着一颗忐忑的心躺在床上，脑子里设想明天的这时候自己有可能在哪些地方。——几个地方中居然包括了"大马路上"。

第二天上午我爬起来就上网，继续搜索。这时候，在中国的一个朋友给我发了链接，让我看看如何。一看价格，税后 80 美元，步行到美航球场只需 5 分钟。没有太多选择的我当即打电话订房，然后叫了出租车，搬起所有行李，一猛子扎过去了。

这家旅馆在迈阿密市中心，美联航球馆的旁边。虽然 80 美元对我来说依然无法承受，但毕竟没有其他选择了，只能住。旅馆的名字叫作 Rainde Continental Hotel。出租车刚停到门口，服务生就上来开门提行李了，拿到房卡后我本想自己拿着行李上去，以为这样就能省去传说中的"小费"，可惜，服务生死活不干，非要跟我坐电梯，但其实真的没必要。结果自然是我像大爷似的走在前面，他推着行李车走在后面。进房间后我掏钱包，他像大爷似的接过小费扬长而去。哎，这就是美国，我告诉自己。由于是初来乍到，还习惯把美元随时换算成人民币，刚才给了 5 美元的小费，就是人民币 40 元呀！不心疼？那是假的。

进房间，一看窗外，美航球馆映入眼帘。行，80 美元就 80 美元吧，交通费省了。

旅馆安顿停当后我直奔美航球馆，这地方比奥兰多的 TD 水屋中心要显得奢华，主打红色也使得球馆看上去生机盎然。由于有了之前在奥兰多的经验，这次进馆非常顺利，热火队的训练是在中午，开放的采访时间是训练结束前的 15 分钟，我都已经非常熟悉，一众记者被球队公关带到位于二楼的训练场，此时，训练已近尾声，每名球员也开始根据自身特点进行着不同的训练，第一个映入我眼帘的是"大鲨鱼"……

我采访的第一场 NBA 常规赛是 2004 年 11 月 4 日，迈阿密热火队的第二场，因为第一场是客场。这场比赛的对手是克利夫兰骑士队，我第一次看到了勒布朗·詹姆斯，从那时候起，一直到今天，我每天都在面对我的"第一次"。

N 次第一次

图书在版编目（CIP）数据

科比，永不退场 . 成长 / 段冉著 . -- 北京 : 北京时代华文书局 , 2021.10
ISBN 978-7-5699-4441-9

Ⅰ . ①科… Ⅱ . ①段… Ⅲ . ①布莱恩特 (Bryant, Kobe 1978-2020) —传记 Ⅳ . ① K837.125.47

中国版本图书馆 CIP 数据核字 (2021) 第 208767 号

科比，永不退场 成长

KEBI YONGBU TUICHANG CHENGZHANG

著　　者 | 段　冉

出版人 | 陈　涛
选题策划 | 董振伟　直笔体育
责任编辑 | 周连杰
执行编辑 | 王振强　王　昭　马彰羚
责任校对 | 刘晶晶
装帧设计 | 程　慧　贾静洁
责任印制 | 訾　敬

出版发行 | 北京时代华文书局 http : //www.bjsdsj.com.cn
　　　　　北京市东城区安定门外大街 138 号皇城国际大厦 A 座 8 楼
　　　　　邮编：100011　电话：010 - 64267955　64267677
印　　刷 | 小森印刷（北京）有限公司　010 - 80215073
　　　　　（如发现印装质量问题，请与印刷厂联系调换）
开　　本 | 710mm×1000mm　1/16　印　张 | 12　字　数 | 183 千字
版　　次 | 2022 年 1 月第 1 版　印　次 | 2022 年 1 月第 1 次印刷
书　　号 | ISBN 978-7-5699-4441-9
定　　价 | 248.00 元（全五册）